FOR2

FOR pleasure　FOR life

現代佛法十人——五

洪啟嵩
黃啟霖
主編

弘一

慧劍斬凡塵的勇士

目錄

法義

開示

書簡

出版者序——一個讀者的觀點

郝明義

一

今天在臺灣，佛教是很普及的信仰。無論顯密，各門宗派，都有信眾扶持；四大山門固然如此，其他亦然。並且，即使不是佛教徒，許多人也都願意在日常生活裡親近佛法、佛經，譬如手抄《心經》。

上個世紀末，兩岸開始來往，許多對岸來訪者讚嘆中華文化的傳承在臺灣，其中也包括了佛教文化。所以，我們很容易以為從兩千五百年前釋迦牟尼說法，到一千四百年前達摩東來，再到一九四九年之後佛教在臺灣如此興盛，是一條自然的傳承之路。

事實則不然。

佛教在中國，到唐朝發展到高峰，有多種原因。一來是當政者的支持，二來有雄厚的國力，三來有出類拔萃的修行者。三者聚合，氣象萬千。

但，佛教也在唐朝經歷了滅佛的大落。其後歷代，再難有唐朝的因緣際會，也就逐漸只知固守傳統，難有可比擬的開放與創新精神進入清朝，佛教的萎靡與俗化，日漸嚴重；到了太平天國席捲半壁江山，對佛教造成進一步嚴重破壞。所以，到了清末民初之際，佛教在翻天覆地的中國已經只能在世俗化中苟延殘喘，甚至頹廢。

民初的武俠小說，寫到廟庵、僧尼，常出現一些藏污納垢的場面，可以讓人有所體會。五四運動前後，隨著全盤西化的呼聲高漲，佛教更淪為時代應該淘汰的腐朽象徵；寺產也成為各方或是覬覦侵奪、或是倡議充公興學的對象。在大時代的海嘯中，佛教幾近沒頂。

但也就在那風暴中，有些光影出現。

開始的時候，光影是丁點的，微弱的，分散的。

逐漸，光亮起來。

於是我們看到一些人物登場。

他們各有人生路途上的局限和困頓，但卻以不止歇的修行，一步步清澈自己對佛法的體認。

有人家世良好，大可走上官宦之途，卻淡泊名利，刻經講經，點燃照亮佛法的火種。

有人看盡繁華紅塵，走上自律苦行之路，成為他人仰之彌高的人格典範。

有人歷經窮困和親人死別的痛苦，在悲憤中註釋佛經，淬鍊出一家之言。

有人學歷僅至小學三年級，卻能成為「當代玄奘」。

有人穩固佛法的傳統和價值。

有人努力在現代語境和情境中詮釋修持佛法的意義和方法。
他們成長的背景不一，年齡有別，途徑有異，但他們燃燒推廣佛法的熱情如一。
在漆黑如墨的黑暗中，他們更新了過去數百年佛法一路萎靡不振的軌跡。
在狂風暴雨中，他們發出了震動大地的獅子吼。
是他們播下了種子，使佛法在接下來的戰亂年代得以繼續一路延伸支脈——直到一九四九年後來臺灣，也向亞洲以及世界開花散葉。
他們是現代佛法十人。

二

我是在一九八九年第一次看到有關這十個人的一套書。
當時，我剛接觸佛法，十個名字裡，只認識「弘一」和「虛雲」。其餘的楊仁山、太虛、歐陽竟無、印光、圓瑛、呂澂、法尊、慈航，都很陌生。
在那個對佛法的認識十分懵懂的階段，我打算先從認識的兩位開始，逐年讀一本書，認識這些人。
但時間過去了三十年，直到二〇一九年，我都只讀到第三本，認識到第三個人「太虛」而已。一方面是懶惰，總有藉口不讀；另一方面，也是因為光前三本書已經讓我覺得受用不盡。

開始的時候，我讀弘一大師和虛雲大師的書比較多。

讀弘一大師，是因為多少知道他的生平，因此對照著他紅塵繁華的前半生，讀他後半生清明如水的修行心得，當真是可以體會何謂雋永。經常一、兩句話，就能銘記在心。

讀虛雲大師，主要收穫在他的禪七開示。那真是深刻的武林祕笈，能把說起來很簡單、做起來很奧祕的心法講得那麼透徹，就算只能在門外徘徊，都覺得受益匪淺。

虛雲大師一生波瀾起伏，尤其文革時歷經紅衛兵的折磨，還能以一百二十歲圓寂，實在是傳奇。

而對第三位太虛大師，我的認識就沒那麼多。

儘管讀他的書，多年來卻一直只停留在書裡一小篇文章上。那篇文章叫〈佛陀學綱〉，是他在民國十七年一場演講內容所整理出來的，全部也不過十九頁，只占全書很小的比例。但這一小篇文章，多年來我反覆閱讀，總會得到新的提醒和啟示，又總會有新的疑問與要探究之處。

〈佛陀學綱〉，從文章標題就知道，作者要談的是每一個人如何通過學習而覺悟，向佛陀看齊的綱領。

人人皆有佛性，也就是人人皆可通過學習而讓自己的生命層次向佛陀看齊。但是太多人只想膜拜自己的上師，卻完全不敢想像自己也可能開發出有如佛陀的覺性。太虛大師講〈佛陀學綱〉，正是要提醒我們學佛的唯一目的，也解釋他所看到的途徑。

當然，多少世代的高僧大德都在做同樣的事情、多少經典在指引的都是同樣的事情，但是大約一百年前太虛大師講〈佛陀學綱〉，有格外特別之處。

《二〇〇一太空漫遊》（*2001: A Space Odyssey*）作者亞瑟・克拉克（Arthur C. Clark）說過：科幻小說的時空背景不能寫得太近，以免很快過時；但也不能太遠，以免無感。我覺得討論學佛的文章也有類似的課題：不能太通俗，以免只是對善男信女的心理勵志、道德勸化；也不能太高深，以免令人望之卻步。

〈佛陀學綱〉無論談的內容還是用的文字、抑或是概念或方法，都正好不近不遠。

我很滿足，也很忙碌，所以就停留在第三本書的這一篇文章上，一直沒有再看書裡的其他部分，當然也就更沒有動機想要再看其餘的書。

直到二〇二〇年秋天。

三

COVID-19 疫情橫掃全球，改變了每一個人的生活。

無常，成了新的常態。

社會上各個領域都在面對工作方式、生活方式的顛覆；過去穩定可靠的資源、經驗、能力，成為泡影。

我們置身一個黑暗又混亂的時代。

我相信，當外界的一切都不足恃，甚至成為干擾來源的時候，每個人都需要喚醒自己內在的覺性。

而說到覺性，當然也莫過於佛法說明的透徹。

因此我重讀〈佛陀學綱〉。也因為疫情的影響，包括差旅減免而多出時間，這麼多年來，我第一次把太虛大師那本書的其他部分也讀了。

很震撼。

震撼於太虛在書裡其他文章敘述他個人修行之路的關鍵突破時刻、他對推廣佛法種種視野與擘畫的光芒，也震撼於我自己怎麼枉守著如此寶藏三十年卻目光如豆。

我也想到：連第三本書都如此了，那其他的七本書呢？我早該認識的其他七個人呢？同樣是克拉克在他那本小說裡說的一句話：「他們身處豐饒之中，卻逐漸飢餓至死，」說的真是我。

接下來的時間，我一方面急著狼吞虎嚥這套書，一方面也決定趕快和原編者討論，看如何把這套早已絕版的書重新出版。

四

《現代佛法十人》是洪啟嵩和黃啟霖兩位編者在一九八七年出版的書，原始書名是「當代中國佛教大師文集」。

去年讀這個系列，瀏覽十個人的身影，他們雖然都是對佛法有堅定不移的信念，但因為各自成長背景不同、行動的途徑也不同，著真在大時代裡形成了雄偉的交響樂，也各自展現了不同的力量。

楊仁山，出身於官宦世家，科舉功名就在手邊的人，卻因為偶遇一部《大乘起信論》走上終身護持、推廣佛法的路。他沒有出家，卻以自己的人脈和資源，在國內融會譚嗣同、章太炎等一時之選的學者參與佛法討論；在國際進行佛經的交換出版，以及佛教文化的國際交流。

他的「祇洹精舍」雖然只辦了短短兩年時間，就學的人數也只有僧俗十來人而已，但其中太虛和歐陽竟無兩位，分別為清末民初的出家學僧和在家佛教學者打開了新路，對接下來佛教的發展有決定性的影響。

在最深的黑暗中，最小的光亮最燦爛。楊仁山讓我見識到什麼是星星之火的力量。

太虛大師，小楊仁山大約五十歲。

他的家庭背景和成長之路，和楊仁山完全不同。自幼父親去世，母親改嫁，和外祖母一起生活長大，後來去百貨行當學徒。

太虛在十六歲出家。但出家的源起，並不是因為對佛法的渴望，而是因為當學徒的時候看了許多章回小說，仙佛不分，想要求神通。

幸好出家後得有親近善知識的機緣，走上真正佛法修行之路，終於在有一天閱讀《大般若經》的過程中，大徹大悟。

而太虛難得的是，有了這樣的開悟，他本可以從此走上「超俗入真」之路，但他卻反向而行，「迴真向俗」，要以佛學救世，並且實踐他「中國佛教亦須經過革命」的宏願。

他接續楊仁山辦祇洹精舍的風氣，持續佛學研究；創辦武昌佛學院，帶動佛教舉辦僧學的風氣；創立「世界佛教聯合會」，首開佛僧去歐美弘法的紀錄。

太虛有許多弟子，法尊、慈航都是。印順法師也是。

太虛大師讓我看到：一個已經度過生死之河的人，重新回到水裡，力挽狂瀾的力量。

歐陽竟無，比太虛大師略為年長，大十八歲。

他也是幼年喪父，家境清寒。但他幸運的是有一位叔父引領他求學，博覽經史子集，旁及天文數學。

清廷甲午戰敗後，歐陽竟無在朋友的引介下，研讀《大乘起信論》、《楞嚴經》，步入佛學，從此決心以佛法來救治社會。

他一生孤苦，接連遭逢母、姊、子、女等親人死別之痛，因而自述「悲而後有學，憤而後有學，無可奈何而後有學，救亡圖存而後有學」。

歐陽竟無因為在祇洹精舍就學過，楊仁山去世時，把金陵刻經處的編校工作咐囑於他。後來國民革命軍攻南京，歐陽竟無在危城中艱苦守護經坊四十天，使經版一無損失。

歐陽竟無不只奔走各方募資刻印經書，也在蔡元培、梁啟超、章太炎等人協助下成立支那內學院，與太虛大師所辦的武昌佛學院齊名，對近代中國佛教有著重大的影響。

歐陽竟無最讓我嚮往的，是梁啟超聽他講唯識學的評語：「聽歐陽竟無講唯識，始知有真佛學。」

後文將提到的呂澂，是歐陽竟無的傳人。

歐陽竟無，讓我看到一個人力撐巨石，卻仍然手不釋卷的豪氣。

虛雲大師的一生都是傳奇。

早年家裡一直阻撓他出家，他逃家兩次，到十九歲終於落髮為僧，進入山裡苦行十四年。接著他遇見善知識，指點他苦行近於外道，這才走上真正依據佛法修行之路。

他參訪各地，不只行遍中國，進入西藏，還翻越喜馬拉雅山，到不丹、印度、斯里蘭卡、緬甸等地。

五十六歲那一年，虛雲要去揚州高旻寺參與打十二個禪七的職事，途中不慎落入長江，差點送命，結果傷後無法擔任職事，只能參加禪七。

但也在這次禪七中，虛雲徹悟，出家三十七年後，終於明心見性。他悟後作偈：「燙著手，打碎杯，家破人亡語難開。春到花香處處秀，山河大地是如來。」從此他的修行又是另一番境界。

太虛著眼推動的是整體僧伽制度的革新，而虛雲則是聚焦在自己親自住持的寺廟進行該有的重建和整頓，掃除當時寺廟迎合世俗的陋習，同時進行傳戒、參禪、講經，以正統佛法來培養弟子。

而虛雲最特別的是：他一人兼了禪宗五門法脈，所以是不折不扣的禪宗大師。

讀虛雲大師談參禪的文字，他簡潔有力的言語躍然紙上，完全可以體會何謂「當頭棒喝」。虛雲大師還有個傳奇，就是他到一百二十歲才圓寂。這還包括他在文革時曾經遭受紅衛兵四次毒打的經過。

虛雲大師展現的是一種在八方風雨中，衣帶不沾漬污的功力。

弘一大師生於一八八〇年。他的生平，大家耳熟能詳。

他前半生的風花雪月，造成他出家後對自己修行的要求也異於一般。他出家之後，「不收徒眾，不作住持，不登高座」，並且總是芒鞋破衲，飲食、起居上也是極其刻苦。中文「嚴以律己」，用在弘一身上是最好的例子。

出家人本來毋須用「風骨」來形容，但是看豐子愷等人和弘一大師的來往，看他孑然獨行的身影，總不能不想到這兩個字。

偏偏這位看來行事最不近人情的弘一大師，我相信應該也是現代佛法十人裡最為人熟知的一位。因為他廣結善緣，為人書寫偈語、對聯。

弘一在出家後，本來準備拋棄一切文藝舊業，但接受了書寫佛語來為求字人種下淨因的建議，重新提筆，也因而有了自己弘法的無上利器。

今天中文世界裡的人，無論是否學佛，總難免接觸、看過弘一大師留下或者與佛法直接相關，或者間接有關的偈語、對聯。

我自己每隔幾年就會看到他寫的一句話要，背誦一陣。像最近，就是他的「一生求佛智，精進無異念」。太虛大師對弘一大師的讚嘆是：「以教印心，以律嚴身，內外清淨，菩提之因。」

弘一大師有律宗第十一代世祖之美譽。

我看他的身影，像是單衣走在冷冽的風雪中，手中卻提了一個始終要給人引路的燈籠。

弘一大師獨來獨往，卻說有一個佩服的人，甚至親自寫信給他，說「願廁弟子之列」。

這人就是**印光大師**。

印光生於一八六一年，早年也有兩次逃家出家的紀錄；但和弘一不同的是，印光有淨土宗第十三代祖師之稱。

和弘一相同的是，印光也不喜攀緣結交，不求名聞利養，始終韜光養晦，並且一生沒為人剃度出家，也沒有名定的弟子傳人。

印光大師相信念佛往生淨土法門，是「一法圓賅萬行，普攝群機」，所以一生專志念佛法門，開示常說的話就是「但將一個死字，貼到額頭上，掛到眉毛上」。

但這麼一個但求與世遠離，把修行純粹到極點的人，卻並不是與世隔絕。

一九二三年，江蘇省提出要以寺廟興學的政策，當時六十多歲的印光大師就為了保教護寺，不遺餘力地奔走呼籲，扭轉危機。

並且，他一生省吃儉用，信眾給他的奉養，全都用來賑濟飢民，或印製佛書流通。

印光大師八十歲圓寂之時，實證「念佛見佛，決定生西」。

印光大師顯示的是精誠所至，開山鑿石的力量。

圓瑛大師生於一八七八年，略長於太虛。

圓瑛和太虛曾經惺惺相惜，義結金蘭。兩人雖然都有志於對當時的佛教進行改革，可後來步伐不同。太虛主張銳進改革，而圓瑛則主張緩和革新。

不過這絕不是說圓瑛的行動比較少。

民國建立後，兩次所謂「廟產興學」的風波，都因為圓瑛在其中扮演關鍵性角色而度過危機。

一九二〇年代，圓瑛就到東南亞各國弘法，還曾來過臺灣。

一九三〇年代，對日抗戰期間，圓瑛擔任中國佛教會災區救護團團長，組織僧侶救護隊，輾轉於各地工作，也再赴東南亞各國募款以助抗日，回上海後還一度被日本憲兵隊逮捕。

圓瑛大師博覽群經，禪淨雙修，沒有門戶之見，自稱「初學禪宗，後則兼修淨土，深知禪淨同功」，尤其對《楞嚴經》的修證與講解有獨到之處，有近代僧眾講《楞嚴經》第一人之稱。

圓瑛大師顯示的是穩定前行，無所動搖的力量。

呂澂生於一八九六年，是歐陽竟無的弟子。

一九一一年，當歐陽竟無擔任金陵刻經處編校出版工作時，當時就讀南京民國大學經濟系的呂澂常去購買佛書，因而結緣。後來呂澂退學之後，一度去歐陽竟無開設的研究部研讀佛法，再去日本短暫研讀美學後，回國擔任教職。

一九一八年，呂澂受歐陽竟無之邀，協助創辦支那內學院，從此遠離世俗，專心於佛學研究與教學。到支那內學院正式創立，歐陽竟無擔任校長，呂澂擔任學務主任，與當時太虛大師所創辦的武昌佛學院，形成為兩大佛教教育中心。

歐陽竟無對楊仁山執弟子之禮，呂澂又是歐陽竟無的弟子，三代薪火相傳，不只是佳話，也是時代明炬。

呂澂從此一直陪伴歐陽竟無，除了度過北伐軍占領內學院的危機，抗戰時期還把內學院藏書與資料遷移到四川。歐陽竟無去世後，呂澂繼任院長。直到中共取得政權後，一九五二年內學院才走入歷史。

呂澂智慧過人。他自修精通英、日、法、梵、藏、巴利語，研究佛學的視野寬廣，當時無人能及。也因此，呂澂的譯著和著作俱豐；不但能寫作入門書籍，也能有深入研究的專門論述，解決許多佛教遺留的歷史問題。

因為呂澂字「秋子」，歐陽竟無也稱他為「鶖子」。「鶖子」是釋迦牟尼佛十大弟子中智慧第一的舍利弗的華文譯名。

呂澂讓人看到燦爛奪目的火炬之美，與力量。

法尊法師生於一九〇二年。

法尊留給後人的也是驚異與讚嘆。

他本來只有小學三年級的學歷，出家後成為太虛大師創辦的武昌佛學院第一期學僧，之後他不畏艱險去西藏留學十二年，讓自己的藏文造詣登峰造極，經論也通達顯密，因而有「當代玄奘」之譽。

法尊法師對漢藏文化交流的貢獻，不是單向的。他不只是從藏文翻譯了重要譯作如《菩提道次第廣論》、《密宗道次第廣論》、《宗喀巴大師傳》等書，尤其值得一提的是他花了四年時間，把兩百卷的《大毘婆沙論》從漢文譯為藏文。

雖然他原訂要再譯為藏文的一百卷《大智度論》並沒有進行，但光是把《大毘婆沙論》從漢文譯為藏文已經是不滅的事蹟。

法尊法師讓人看到像是一個人在巨大的冰山前，融冰為水的力量。

慈航法師生於一八九五年，也是太虛大師的門下。

他家境貧寒，父母早逝，跟人學習縫紉，因為常去寺院縫僧衣，羨慕出家人，因此起了出家的念頭。

但因為他沒讀過什麼書，所以出家十多年，還沒法讀懂佛經。後來，他發憤苦讀唐大圓編撰之《唯識講義》，自修多年終於精通唯識。

之後，慈航法師跟隨太虛大師至各處弘法，從中國而南洋各地。尤其一九三九年之行，太虛大師返國後，慈航法師繼續在南洋弘法十多年，所到之處，皆倡議創辦佛學院、佛學會。

一九四七年太虛大師圓寂後，慈航法師用「以佛心為己心，以師志為己志」來表達他對太虛大師「人間佛教」的追隨及實踐。

到一九四八年，慈航則決定來臺灣開辦佛學院，是當時來臺灣傳法的先行者。在那個年代，這條路當然有風險。因為從大陸來投靠慈航法師的學僧多起來，他一度被舉報匪諜而被捕。

慈航法師出獄後繼續在臺北日夜開講不同的佛經，感動多方發心捐助成立彌勒內院，禮請慈航法師主持，而終於使他和大陸來臺學僧都得到安頓。

慈航法師講學內容包括《楞嚴經》、《法華經》、《華嚴經》、《成唯識論》及《大乘起信論》等諸經論，使得彌勒內院成為一時最具影響力的佛學教育中心。

一九五四年，慈航法師於關房中安詳圓寂。他示寂前要求以坐缸安葬，五年後開缸。而五年後大眾遵囑開缸，見其全身完好，成就肉身菩薩。

慈航法師讓人見識到水滴成流，匯流出海的力量。

五

感謝洪啟嵩和黃啟霖兩位佛弟子在當年就有識見與能力，收納、編輯了這十個佛教關鍵人物的文集。

三十年來我以讀者身分受益，今天很榮幸有機會以出版者身分為大家介紹《現代佛法十人》。

希望大家也都能找到屬於自己的啟發。

《現代佛法十人》編者新序

洪啟嵩

一切故事，開始於兩千五百年前，佛陀在菩提樹下的悟道。

佛法是什麼？佛法即是緣起法，這是佛陀在菩提樹下，所悟的真諦實相，淨觀法界如幻現空，行於世間而無所執著，即是中道。

佛法是法界實相，非三世諸佛所有，佛法超越一切又入於一切。正因為佛法的空性、無執，使其在傳播的過程中，柔軟地和不同時空因緣結合，呈現出豐富多元的覺性風貌。

佛陀對一切文字平等對待，鼓勵以方言傳法，歡喜大家使用各自的語言情境習法。如《五分律》中說：「聽隨國音讀誦，但不得違失佛意。」

因此，讓諸方文字的特性，成為覺的力量，以「文字般若」導引「觀照般若」而成就「實相般若」，才是佛陀的原意。對於佛陀而言，能開悟眾生的就是佛陀的語言。在漢傳佛教浩瀚廣博的經藏法要中，我們看到這個精神的具體實踐。

而其中所謂成為「文字般若」的語言，必須具有三種特性：一、準確性，能傳持佛法依準其意而不失。二、鏡透性：能鏡透佛法體性，將其實相內義清明鏡透。三、覺動性：精準其語，鏡透於義，並能成為驅動眾生自覺自悟的力量。

漢傳佛教中，對這樣的「文字般若」特性，一直保持著良好傳承。這可以從三個面向來談：

一、漢傳佛教擁有最悠遠長久而無中斷的傳承。

相對於中國佛教，印度佛教的傳承是最原始的，但可惜在一二〇三年傳承中斷了。而斯里蘭卡從阿育王子摩哂陀於西元前二四七年，將佛法傳入之後，雖然也有很長的歷史，但可惜於十六世紀受到葡萄牙、荷蘭等殖民而中斷過。而漢傳佛教是長遠不斷並且對於教法能清楚明記。

二、漢傳佛教擁有世界佛教教法的總集，有著最完整的般若文本。

如大乘佛教中，龍樹菩薩最重要修法傳承的《大智度論》百卷及部派佛教中說一切有部最完整重要的論本《大毘婆沙論》兩百卷，梵本皆已佚失，只剩下漢文傳本。而漢傳佛教擁有各部派與大乘佛教的最完整文本。

三、漢傳佛教擁有佛法開悟創新的活泉。

唐代對佛法的會悟闡新，可視為漢傳佛教開悟創新活泉的代表。如六祖慧能所開啟的南宗傳承，直到當代世界依然傳持不斷，前期如有世界禪者之稱的鈴木大拙，及近期的越南一行禪師，皆出於南宗臨濟禪門，在世界上有其強大的影響。而在《現代佛法十人》系列的大師們，更讓世人明見，在清末民初全球動盪的大時代，為了紹承佛法，守護眾生慧命，摩頂放踵、為法忘軀的大師身影。

*

佛教自宋、元、明、清以來，成長已成停滯，甚至每況愈下；尤其明、清以降，只知固守傳統，失去了佛法的開創精神，日益衰微。到了咸豐初年到同治年間更受到太平天國的致命打擊，幾至滅亡。因為太平天國諸王雖不精純於基督教的純正信仰，卻能在「消滅異端」上發起絕然的聖戰。太平天國攻克六百餘座城市，勢力遍及十八省，這些以中國東南一帶為主的地區，原是清朝佛教的精華區域，結果卻在奄奄一息中又受到了致命的打擊。

如此來到清末的大變局，佛教相當於遭逢大時代的海嘯，不只無法適應，更幾至崩解。就外部而言，在時代環境求新求變的要求下，佛教淪為老舊的象徵；而匹夫無罪懷璧其罪，歷代累積而來的龐大寺產，也成為社會覬覦、侵奪的對象。因此自清末以來廢教之議屢見呼籲；而「廟產興學」，也在清末、民初成為政府與民間名流所流行的口號。此時的寺院不僅傳教無力，甚至連生存都成了問題。

就內部而言，佛教秉持著歷來的殘習，失去了佛法的內在精神與緣起妙義的殊勝動能，只知抱殘守缺，但以儀式為師。明、清以來，佛教的頹敗、陳腐與俗化，以及對時勢潮流與大眾需求的蒙昧，此時更達到極點。然而，也就在這種波瀾壯闊、風雲萬端的時代裡，漢傳佛教出現了一些偉大的英雄人物。他們認知到佛教必須另開新局，力挽狂瀾。

偉大的宗教心靈是社會的最後良心，也是生命意義的最終指歸。

因此在一九八七年，我和黃啟霖第一次編纂這套書的時候，首先是因為站在那個時刻反省佛教和當代文明的互動時，回首上世紀初那些人物曾經走過的路程，對他們示現的氣魄與承擔，深有所感。

所以我們選擇了十位對當代佛教影響深遠的大師文集，編輯出版，呈現出他們在風雨飄搖的時代，波瀾壯闊的風範；也因而可以讓後世的佛教徒認知他們做過的努力，進而呼應他們的召喚，為佛法傳播的歷史進程盡一份心力，幫助一切生命圓滿覺悟。

這就是我們編纂《現代佛法十人》這套書的根本動機。

＊

在本系列中，我們選取了楊仁山、太虛、歐陽竟無、虛雲、弘一、印光、圓瑛、呂澂、法尊、慈航等十位大師，作為指標人物。

這十位大師各有其重要的貢獻及代表性。

一、楊仁山：被譽為「現代中國佛教之父」，開創了當代佛教研究新紀元的劃時代大師。

二、太虛：提倡人生佛教，發揚菩薩精神，開創佛教思想新境界，允為當代最偉大的佛教大師。

三、歐陽竟無：窮真究極，悲心澈髓，弘揚闡述玄奘系唯識學，復興佛教文化不世出的大師。

四、虛雲：修持功深，肩挑中國佛教四眾安危，不畏生死，具足祖師德範，民國以來最偉大的禪門大師。

五、弘一：天才橫溢，出格奇才，終而安於平淡，興復律宗，民國以來最偉大的律宗大師。

六、印光：孤高梗介，萬眾信仰，常將死字掛心頭，淨土宗的一代祖師。

七、圓瑛：宗教兼通，保寺護教，勞苦功高傳統佛教的一代領袖。

八、呂澂：承繼歐陽唯識，自修精通英、日、法、梵、藏語，民國以來佛學學力無出其右的大師。

九、法尊：溝通漢藏文化，開創中國佛教研究新眼界的一代佛學大師。

十、慈航：以師（太虛）志為己志，修持立學，開創臺灣佛教新紀元的大師。

十人中以楊仁山為首，是因為在傳承上，民國以來的佛教界，有兩大系最受到海內外的重視，也發生最大的影響。

其一是以太虛為中心的出家學僧，法尊、慈航都是太虛的弟子。

其二是以歐陽竟無為中心的在家佛教學者，呂澂是歐陽竟無的弟子。

而太虛與歐陽竟無皆同從學於楊仁山的金陵祇洹精舍，也可說同出一系。所以對近代中國佛教深有研究的美國學者唯慈（Holmes Welch），稱楊仁山為「現代中國佛教之父」。

而虛雲、弘一、印光與太虛同稱民初四大師；圓瑛長於太虛，並曾相與結為兄弟，雖然其後見解各異，圓瑛仍為傳統佛教的一代領袖。

這樣就可以理解這十位大師在漢傳佛教歷史上的重要地位。

如果再延伸來到臺灣的法脈，他們的影響力就更清楚了：

聖嚴法師系出東初禪師，而東初是太虛的弟子。

星雲法師曾就讀於焦山佛學院，當時學院的院長是東初禪師。

證嚴法師系出印順長老，而印順是太虛的弟子，並受戒於圓瑛法師。

惟覺法師系出靈源長老，而靈源是虛雲大師的弟子。

*

一九八七年編輯這套書的構想，到今天我們依舊感受鮮明。

臺灣佛教承受民初這些大師的因緣，有了極大的發展，在世化的推廣上，也十分蓬勃。但是當前人類和地球都面臨嚴酷的生存課題，太空世紀也即將開啟新的挑戰，所以我們深信唯有佛法能為這些課題和挑戰開啟新的覺性之路，也深信今天的佛教徒要在內義與實證上都開創出更新的格局。

也正因為漢傳佛教特有的歷史傳承，站到這個新的時代關鍵點上，所以在此刻回顧這十位大師的精神和走過的路，格外有意義。

我們一方面向這些大師所做的傳承致敬，也祈求透過閱讀他們的文字與心得，能讓自己從佛法中悟入更高遠的修證，能在人類、地球、未來最關鍵的時刻裡，找到可以指引新路的光明，也是新的覺性文明！

在此特別感謝郝明義先生，在其倡議下，重新出版這套《現代佛法十人》文集，承繼與呼應新時代的佛法精神。新版的《現代佛法十人》，加入大師們的生平簡傳，並在每篇文章、書信都註明原始出處，並統一重新設計、排版、標點。

《現代佛法十人》的出版，除了向十位大師致敬，也希望這套書能成為現代人覺性修行之路的新起點。

半生文藝圓戒僧——弘一法師

天才橫溢，出格奇才，終而安於平淡，興復律宗，民國以來最偉大的律宗大師

弘一法師俗家姓李，譜名文濤，幼名成蹊，學名廣侯，字息霜，別號漱筒（叔同）；出家後法名演音，字號弘一，又號晚晴老人。

一八八〇年，李叔同生於天津，祖籍山西洪洞，其母浙江平湖農家女，為紀念先母故，也曾自言浙江平湖人。

李叔同五歲時父病逝，其父臨終日，延請高僧持誦《金剛經》，是其初見僧人之因緣，是年從母王氏習誦名讀格言。六歲從仲兄文熙學啟蒙教育。八歲至常雲莊家館受業，讀《毛詩》、《唐詩》等。

十三歲學習各朝書法，以魏碑為主，初聞名於鄉。之後中西之學都涉獵，除了學詩詞、辭賦、八股、篆書及治印之外，還有英文、算術等科目。

十八歲，與大他兩歲的俞氏完婚。次年，傳李叔同刻有「南海康君是吾師」印章，表示對康有為、梁啟超等推動維新變法的支持。當年暮秋時，他因戊戌變法失敗被傳為康梁黨羽，故奉母命攜眷遷移至上海生活。加入上海城南文社，以《擬宋玉小言賦》，名列文社月會第一，

後來與袁希濂、許幻園、蔡小香、張小樓結為金蘭，號稱「天涯五友」。

在上海的生活更是多采多姿，他與畫家任伯年等設立「上海書畫公會」，每星期出書畫報一紙。二十二歲時，進入南洋公學就讀經濟特科班，與黃炎培、邵力子、謝無量等同從學於蔡元培。後因發生學生罷課風潮，蔡元培辭職，李叔同也繼而退學。退學後以李廣平之名在開明書店譯書之外，並與歌郎、名妓等藝事交往，粉墨登場，演出京劇《蟲八蠟廟》、《白水灘》、《黃天霸》等戲劇。

一九〇五年，因生母王氏病逝，攜眷護靈柩回天津安葬。出版《國學唱歌集》，後東渡日本留學。行前作有《金縷曲．留別祖國並呈同學諸子》歌曲。在東京時為《醒獅》雜誌撰寫《圖畫修得法》與《水彩畫法說略》。編輯《音樂小雜誌》，以「李哀」之名，首次參與日本名士組織「隨鷗吟社」之雅集。又以「李岸」之名註冊，考入東京美術學校油畫科。與同學曾延年（孝谷）等組織「春柳社」，為中國第一個話劇團體，跟從日本老師川上音二郎和藻澤棧二朗研究新劇演技，取藝名為息霜。

二十八歲時，李叔同在「春柳社」首演《茶花女》話劇中茶花女角色，為中國話劇實踐踏出第一步。接著演《黑奴籲天錄》，飾演美洲紳士解爾培的夫人愛密柳，同時客串男跛醉客。次年退出春柳社，專心致力於繪畫和音樂工作。三年後，李叔同從東京美術學校畢業，和日本妻子回國，之後住上海、浙江、南京等地，在多所學校担任圖畫教員、教授文學和音樂課，還擔任過《太平洋報》主筆，並編輯廣告及文藝副刊，還曾與金石書畫大家吳昌碩時有往來，研究金石與創作。

李叔同三十七歲的時候，他看到日本雜誌介紹斷食修養身心之方法，生起入山斷食之念，於是冬天到杭州虎跑定慧寺，試驗斷食十七日並寫《斷食日志》。入山前，作詞曰：「一花一葉，孤芳致潔。昏波不染，成就慧業。」斷食後返校開始素食。以居士身分到虎跑定慧寺習靜，後皈依了悟和尚成為在家弟子，取名演音，號弘一。教書課餘則禮佛、閱經。因與馬一浮居士交往深切，在佛教法義上受馬啟導熏陶而漸有所悟。

兩年後，一九一八年，李叔同決定出家，將平生的藝術作品書物分別贈與好友或學生，和好友夏丏尊辭別後，到虎跑定慧寺禮了悟和尚為師，剃度出家，至此一代藝術家李叔同成為佛門沙彌釋演音。十月到江南名剎靈隱寺，請大和尚慧明法師為其開堂受具足戒。他的日本妻子欲見一面不得，含悲返回日本終老於沖繩。

出家後不久，有一次弘一應嘉興佛學會范古農會長的邀請，至精嚴寺掛單。嘉興人士慕其名前來求賜墨寶，弘一以出家已拋棄一切文藝舊業，故不想重新提筆寫字為由推辭。范古農聞訊勸說：「如果以佛語書寫，為求字人種下淨因，也是弘法之事。有何不可？」弘一覺得有理，開始了以筆墨文字接引，廣結善緣之始。

集藝術與修持今世第一

在家的弘一是集詩、詞、書畫、篆刻、音樂、戲劇、文學於一身之全才型藝術家，又其引西方話劇於漢人中是第一人，向中國傳播西方音樂也是先驅者，創作的《送別》一歌，幾十年來傳唱不衰，為經典名曲。其書法藝術成就亦別樹一格。也是中國第一個在學校開創裸體寫生課程的教師。培養豐子愷成為名畫家，劉質平成音樂家等。

出家的弘一則是苦心向佛，過午不食，精研律學，弘揚佛法，並以書法音樂普渡眾生，故有律宗第十一代世祖之美譽。因此太虛讚嘆他持律持教之行，而贈偈言：「以教印心，以律嚴身，內外清淨，菩提之因。」

弘一出家以來，二十餘年中不收徒眾，不作住持，不登高座，一領破衲，芒鞋破衲，獨往獨來，自由自在；其弘化海內以閩南為最。為導俗化眾，弘一透過書法結緣，現代佛教音樂，護生畫集，與著作，顯多方善巧。從修持言其生平克己復禮，以德勝威，處世誠實不苟，儉樸惜福，毛巾用到極為破敗而不捨棄，於研律行戒之精嚴刻苦，可說是現代的頭陀苦行僧。而其利生教化無微不至，每與學者談及佛法式微，僧格墮落，悲憫至痛哭流涕而不自己，常抱殉教之志，發願再來度化眾生，大悲心切，令人動容。

一九四二年弘一六十三歲，赴靈瑞山講經時，提出：一不迎，二不送，三不請齋等三約，摒除世務，專志法行。七月，在朱子「過化亭」教演出家剃度儀式。八月在開元寺講《八大人覺經》。十月二日身體發熱，漸示微疾，十月十日下午寫「悲欣交集」成最後遺字，世壽六十三歲。

重要著作

弘一感慨佛教的衰微，是因為律學不張，所以誓願弘揚律學，其著作中，以《四分律比丘戒相表記》最廣為人知。此書經五年撰寫完成，文稿都是弘一親筆所書，一絲不苟。而《四分表解》，均是古德警語，每一語皆是持律要言，實為律學之要籍，僧眾之瑰寶也。

此外《清涼歌集》是以音樂作佛事；《華嚴聯集》是以書法文字作佛事；《寒笳集》為集錄蕅益祖師警語，是弘一平日修行的指導；《格言略選》是以世間德育作為學律初階也。其他著述，有《四分含注戒本講義》、《戒本羯磨隨講別錄》、《南山道祖略譜》、《在家律學》、《地持論菩薩戒羯磨義記》，及《九華垂跡圖讚辭》、《編佛學叢刊》、《彌陀義疏擷錄》、《地藏菩薩講稿》等等多達十數種著作，後人編輯成《弘一大師全集》共十冊，以求全存真為則，搜集弘一出家前後的詩、文、書、畫，與佛學典籍點校，並信札、遺墨等，期望顯示弘一著述全貌。全集分為佛學、傳記、序跋、文藝、書法、書信、雜著和附錄等八大卷，約一千三百多萬字，為弘一文集中規模最大、篇幅最多、蒐羅最全書。

佛法的貢獻與成就

中國佛教從清末到民初，歷經多次的教難危機，在風雨飄搖的時代，正是菩薩行者行大悲救度之時。弘一大師是近代的中國佛教大師中奇特的典範。是當代最出色的藝術天才，他的才華絕頂。然而在他人生最輝煌的時候，他聞持了佛法，產生身心的體會，而希望能超克這一切，所以斷然出家修行。

弘一大師的藝術才華，在出家後轉化為清淨無染的覺性藝術，幫助世人趣悟入道。他臨終前所寫下的墨寶「悲欣交集」四個字，可說是他一生藝術最極至的境界，那是安住在最深刻悲心中的生命體悟。

出家後，他從絢爛浪漫的藝術人生徹底大翻轉，投入了佛門嚴律身行的律宗。

戒、定、慧三學是佛法的根本，其中「戒」又稱為「學處」，是學習如理如法、遠離煩惱的生活。因此，戒律的行持更是佛法的根本基礎，與僧團革新密不可分。弘一大師弘揚律宗，希望透過嚴持戒律、整頓僧綱來復興佛教。他從一個不世出的文藝天才，斷然出家，選擇了最嚴謹自持的律宗，續佛慧命，成為民國以來中興律宗第一人。

律學

余弘律之因緣

初出家時，即讀《梵網合注》。續讀《靈峰宗論》，乃發起學律之願。

受戒時，隨時參讀《傳戒正範》及《毘尼事義集要》。

庚申之春，自日本請得古版《南山》、《靈芝》三大部；計八十餘冊。

辛酉之春，始編《戒相表記》。六月，第一次草稿乃訖。以後屢經修改，手抄數次。

是年閱藏，得見義淨三藏所譯《有部律》及《南海寄歸內法傳》；深為讚歎。謂較舊律為善；故《四分律戒相表記》第一、二次草稿中，屢引義淨之說，以糾正南山。其後自悟輕謗古德，有所未可，遂塗抹之。經多次刪改，乃成最後之定本。

以後雖未敢謗毀南山，但於南山三大部仍未用心窮研；故即專習《有部律》。二年之中，編《有部犯相摘記》一卷、自行抄一卷。

其時徐霨如居士創刻經處於天津，專刻南山宗律書，費資數萬金，歷時十餘年。

《弘一大師全集》著述類，一九四七年

弘律願文

如是戒品，我今誓願受持、修學，盡未來際，不復捨離。以此功德，願我及眾生，無始已來所作眾罪，盡得消滅。若一切眾生所有定業，當受報者，我皆代受。遍微塵國，歷諸惡道，經微塵劫，備嘗眾苦，歡喜忍受，終無厭悔；令彼眾生先成佛道。我所發願，真實不虛，伏唯三寶證如者。

演音自撰發願句三種，行住坐臥，常常憶念，我所修持一切功德，悉以迴施法界眾生；眾生所造無量惡業，願我一身代受眾苦。

誓捨身命，護持三世一切佛法！

誓捨身命，救度法界一切眾生！

願代法界一切眾生，備受眾苦！

願護南山四分律宗弘傳世間！

《弘一大師全集》著述類，一九四七年

南山律苑住眾學律發願文

中華民國二十二年，歲次癸酉五月二十六日。即舊曆五月初三日。恭值

靈峰蕅益大師聖誕。學律弟子等，敬於諸

佛菩薩祖師之前，同發四弘誓願已；並別發四願：一願學律弟子等，生生世世，永為善友，互相提攜，常不捨離。同學毘尼，同宣大法，紹隆僧種，普利眾生；一願弟子等學律及以弘法之時，身心安寧，無諸魔障，境緣順遂，資生充足；一願當來建立南山律院，普集多眾，廣為弘傳。不為外聞，不求利養；一願發大菩提心，護持佛法。誓盡心力，宣揚七百餘年湮沒不傳之南山律教，流布世間。冀正法再興，佛日重耀；並願以此發宏誓願，及以別發四願功德，乃至當來學律一切功德，悉以回向法界眾生；唯願諸眾生等，共發大心，速消業障，往生極樂。

早證菩提！伏乞

十方一切諸佛

本師釋迦牟尼佛

極樂世界阿彌陀佛
觀世音菩薩摩訶薩
地藏菩薩摩訶薩
南山道宣律師
靈芝元照律師
靈峰蕅益大師，慈念哀愍，證明攝受！

學律弟子演音弘一　性常宗凝
照融廣洽　傳淨了識
傳正心燦　廣演本妙
寂聲誰具　寂明瑞曦
寂德瑞澄　騰觀妙慧
寂護瑞衛　廣信平願

《弘一大師全集》著述類，一九四七年

在家律要之開示

凡初發心人，既受三皈依，應續受五戒。倘自審一時不能全受者，即先受四戒三戒，乃至僅受一二戒，都可。在家居士，既聞法有素，知自行檢點，嚴自約束，不蹈非禮，不敢輕率妄行。則殺生、邪婬、大妄語、飲酒之四戒，或可不犯；唯有在社會上辦事之人，欲不破盜戒，為最不容易事。例如與人合買地皮房屋，與人合做生意，報稅納捐時，未免有以多數報少數之事；因數人合夥，欲實報則人以為愚。或為股東所反對者有之。又不知而犯，與明知違背法律而故犯之事；如信中夾附鈔票，與手寫函件取巧掩藏，當印刷物寄，均犯盜稅之罪。凡非與而取，及法律所不許，而取巧不納，皆有盜取之心跡，及盜取之行為，皆結盜罪。非但銀錢出入上，當嚴淨其心，即微而至於一草一木、寸紙尺線，必須先向物主明白請求，得彼允許，而後可以使用。不待許可而取用、不曾問明而擅動；皆有不與而取之心跡，皆犯盜取盜用之行為，皆結盜罪。……（按：下文佚失，俟得全文，再續載之。）

《弘一大師全集》著述類，一九四七年

問答十章

問：近世諸叢林傳戒之時，皆令熟讀《毘尼日用切要》（俗稱為《五十三咒》），未審可否？

答：蕅益大師曾解釋此義，今略錄之。文云：「既預比丘之列，當以律學為先。今之願偈（即當願眾生等），本出華嚴。種種真言，皆屬密部。論法門雖不可思議，約修證則各有本宗。收之則全是，若一偈、若一句、若一字，皆為道種。撿之則全非，律不律、顯不顯、密不密、僅成散善；此正法所以漸衰，而末運所以不振。有志之士，不若專精戒律，辨比丘之本職也。」

（十誦：諸比丘廢學毘尼，便讀誦修多羅、阿毘曇，世尊種種訶責。乃至由有毘尼佛法住世等。多有上座長老比丘學律。）

問：百丈清規，頗與戒律相似；今學律者，亦宜參閱否？

答：百丈於唐時編纂此書，其後屢經他人增刪。至元朝改變尤多，本來面目，殆不可見；

故蓮池、蕅益大師詆斥之。蓮池大師之說，今未及檢錄。唯錄蕅益大師之說如下。文云：「正法滅壞，全由律學不明。百丈清規，久失原作本意；並是元朝流俗僧官住持，杜撰增飾，文理不通。今人有奉行者，皆因未諳律學故也。」又云：「非佛所制，便名非法；如元朝附會百丈清規等」。又云：「百丈清規，元朝世諦住持穿鑿，尤為可恥。」按律宗諸書，浩如煙海。吾人盡形學之，尚苦力有未及。即百丈原本今仍存在，亦可不須閱覽；況偽本乎？今宜以蓮池、蕅益諸大師之言，傳示道侶可也。

問：今世俗眾，乞師證明受皈依者，輒稱皈依某師，未知是否？

答：不然！以所皈依者為僧伽，非唯皈依某師一人故。蕅益大師云：「皈依僧者，則一切僧皆我師也。今世俗上，擇一名德比丘禮事之，竊竊然矜曰：吾為某知識、某法師門人也！彼知識法師者，亦竊竊然矜曰：彼某居士、某宰官皈依於我者也！噫！果若此，則應曰：皈依佛、皈依法、結交一大德可也。可云皈依僧也與哉！」

問：近世弘律者，皆宗蓮池大師《沙彌律儀要略》，未知善否？

答：沙彌戒法註釋之書，以蕅益大師所著《沙彌十戒威儀錄要》，最為完善；此書揚州刻版，共為一冊，標名曰《沙彌十法並威儀》。價金僅洋一角餘，若與初學之人講解沙彌律者，宜用此書也。蓮池大師為淨土大德，律學非其所長。所著律儀要略中，多以己意判斷，不宗律藏；故蕅益大師云：「蓮池大師專弘淨土，而於律學稍疏。」（見《梵網合註．緣起》中。今未檢原書，略述其大意如此。）又云：「律儀要略，頗有斟酌，堪逗時機，而開遮輕重懺悔之法，尚未申明。」以此諸文證之，是書雖可導俗，似猶未盡善也。

問：沙彌戒第十，不捉持金銀；今人應依何方法，乃能不犯此戒？

答：《根本有部律》攝云：比丘若得金銀物，應覓俗眾為淨施主；即作施主物想捉持無犯。雖與施主相去甚遠，若以後再得金銀等，應遙作施主物心而持之。乃至施主命存以來，並皆無犯。若無施主可得者，應持金銀等物，對一比丘作是說：「大德存念！我比丘某甲得此不淨財，當持此不淨財，換取淨財。」三說已；應自持舉，或令人持舉，皆無犯也（以上錄律攝大意，非土文也）。

問：今世傳戒，皆聚集數百人，並以一月為期，是佛制否？

答：佛世，凡受戒者，由剃髮和尚為請九僧，即可授之；是一人別授也。此土唐代雖有多人共受者，亦止一、二十人耳。至於近代，唯欲熱鬧門庭，遂乃聚集多眾；故蕅益大師嘗斥之云：隨時皆可入道，何須臘八及四月八。難緣方許三人，豈容多聚至百千眾也。至於受戒之時，不足半日即可授了，何須多日。且近代一月聚集多眾者，亦祇令受戒者，助作水陸經懺及其他佛事等，終日忙迫，罕有餘暇。受戒之事，了無關係；斯更不忍言矣。故受戒絕不須多日。所最要者，和尚於受前受後，應負教導之責耳。唐義淨三藏云：豈有欲受之時，非常勞倦。亦既得已，戒不關懷，不誦戒經，不披律典。虛霑法伍，自損損他；若此之流，成滅法者！蕅益大師云：夫比丘戒者，乃是出世宏規，僧寶由斯建立。貴在受後修學行持，非可僅以登壇塞責而已；是故誘誨獎勸宜在事先，研究討明功須五夏。而後代師匠，多事美觀。遂以平時開導之法，混入登壇秉授之次；又受時雖似殷重，受後便謂畢功。顛倒差訛，莫此為甚。（菩薩戒，另受。）

問：今世傳戒，有戒元、戒魁等名，未知何解？

答：此於受戒之前，令受戒者出資獲得；與清季時，捐納功名無異。非因戒德優劣而分也。此為陋習，最宜革除。

問：末世授戒，未能如法，絕不得戒。未識更依何方便，而能獲得比丘戒耶？

答：蕅益大師云：「末世欲得淨戒，捨此占察輪相之法，更無別途。」蓋指依《地藏菩薩占察善惡業報經》所立之《占察懺法》而言也。按《占察經》云：「（先示懺法大略）未來世諸眾生等，欲求出家，及已出家，若不能得善好戒師及清淨僧眾，其心疑惑，不得如法受於禁戒者。但能學發無上道心，亦令身口意得清淨已。（禮懺七日之後，每晨以身口意三輪三擲，皆純善者，即名得清淨相）。其未出家者，應當剃髮，被服法衣，仰告十方諸佛菩薩，請為師證。一心立願稱辯戒相。先說菩薩十根本重戒，次當總舉菩薩律儀三種戒聚。所謂攝律儀戒（五、八、十具等）攝善法戒、攝化眾生戒。自誓受之，則名具獲波羅提木叉出家之戒，名為比丘、比丘尼。」故蕅益大師於三十五歲退為沙彌，遂專心禮《占察懺法》，至四十七歲正月初一日，乃獲清淨輪相，得比丘戒。

已前：

約有戒論　退為出家優婆塞，成時、性旦並受除期八戒。

約有戒論　自誓受三皈、五戒。長期八戒，菩薩戒少分。

授比丘戒緣，第四心境相應。

或心不當境、或境不稱心、或心境俱不相應；並非法故。

問：若已破四重戒者，猶得再受比丘戒耶？

答：在家之人，或破五戒、八戒中四重；出家之人，或破沙彌、沙彌尼、式叉摩那、比丘、比丘尼戒中四重；並名邊罪。若依小乘律，不得重受。若依《梵網經》，雖通懺悔，須以得見相好為期。今依《占察經》懺法，則以得清淨輪相為期也。《占察經》云：「未來之時，若在家、若出家眾生等，欲求受清淨妙戒，而先已作增上重罪（即是邊罪），不得受者，亦當如上修懺悔法。令其至心，得身口意善相已；即可應受。」

問：古代禪宗大德，居山之時，則以三條篾、一把鋤為清淨自活。領眾之時，又以一日不作一日不食為清規；皆與律制相背，是何故耶？

答：古代禪宗大德，嚴淨毘尼，宏範三界者，如遠公、智者等是也。其次，則捨微細戒，唯護四重；但絕不敢自稱比丘、不敢輕視律學。唯自愧未能兼修，以為慚德耳。昔有人問壽昌禪師云：「佛制比丘不得掘地損傷草木，今何自耕自種？」答云：「我輩祇是悟得佛心，堪傳佛意，指示當機，令識心性耳。若以正法格之，僅可稱剃髮居士，何敢當比丘之名耶？」又問：「設令今時有能如法行持比丘事者，師將何以視之？」答云：「設使果有此人，當敬如佛、待以師禮。」我輩非不為也，實未能也。又紫栢大師，生平一粥一飯，別無雜食。脇不著席四十餘年；猶以未能持微細戒，故終不敢為人授沙彌戒及比丘戒。必不得已則授五戒法耳。嗟乎！從上諸祖，敬視律學如此，豈敢輕之；若輕律者，定屬邪見，非真實宗匠也（以上依《蕅益大師文挈錄》）。

上列十章，未依次第；又以匆促撰錄，或有文義未妥之處，俟後修正可也。

占察法

木輪相 

共十九輪

輪相有三種差別：
一、能示宿世所作善惡業種差別（但觀善惡種子有無）。
二、觀善惡業力強弱。
三、遍示三世受報差別。

一、共十輪。書十善十惡之名。一面書善，一面書惡，令使相對。則餘兩面皆空；故使善惡有現有不現也。

二、

三、

占時用初二：初輪念相應否（二皆有、不再擲；或再擲）。次輪，唯取前相應者問，不符再擲。

菩薩戒　自誓受，依瑜伽羯磨。（先羯磨，後戒相。）

比丘及比丘尼戒　羯磨同上。（菩薩一，比丘二）年未滿，似亦應依前羯磨受；年滿時，仍依前羯磨受。

行法

第一、先灑淨——增加（《楞嚴咒》繞壇）。

禮懺七日後，擲三業（最好用九個，閉目三擲後再看。）

《弘一大師全集》著述類，一九四七年

徵辨學律義八則

問：我等受戒未能如法，將何以自解耶？若云受戒未能如法決定不得戒者，有何明文作證耶？

答：今先解釋不得戒義：

得比丘戒緣　依羯磨錄

一、結界成就（作法界）。
二、有能秉法僧（真實比丘）。
三、僧數滿足（十人、五人，戒淨解明）。
四、界內盡集和合（非別眾）。
五、有羯磨教法（如法誦作）。
六、資緣具足（三衣及鉢）。

以上六條，若闕一者，即不得戒。今則悉闕；故不得戒義，可以決定無疑。沙彌戒於師授前，應在僧中作單白羯磨；故前五緣皆同，亦應判為不得。

問：既知未能得比丘戒，應有何妥善之辦法耶？

答：今據拙見，擬定辦法，分為二事：

一勸令禮《占察懺儀》，求得比丘戒。蕅益大師云：「末世欲得淨戒，捨此占察輪相之法，更無別途。」大師即依此法而得比丘戒也。此事易知，今不詳述。

二於未得戒以前，為護法心，維持現狀，不令斷絕。今已受而未得者，學習比丘律。此事頗有疑問。後之辨釋，皆約此也。

以上所言二事，第一為根本之辦法；第二為維持現狀之辦法。此二事應同時並行，不可或闕。若唯有第二而無第一，則永遠無真實比丘出現。若唯有第一而無第二，則過渡時代之現狀不能維持；故須二事同時並行，乃為宜也。

問：非比丘，學比丘律，可有聖教作證耶？

將答此問，先須解釋非比丘三字。非比丘三類：一約沙彌（此非問者本意所在）。二約已受沙彌、比丘戒，而不如法不得戒者（問者本意在此。以下答文，皆約此辨釋。文中亦有時指前後二類者，為是兼明，非正意也）。三約未曾受沙彌、比丘戒者。

答：若欲覓求律中有制未得戒者必須學比丘律之明文，乃不可能之事；但可引文以證非比丘而學比丘律無有賊住之過失。又可引文以證已受比丘戒而不如法不得戒之白衣，雖在僧中聞正式作羯磨者亦不成賊住；依此義判：已受而不如法不得戒之白衣，或亦可以學比丘律。即在僧中聞正式作羯磨者，亦似無大礙也。

問：前云非比丘而學比丘律，無賊住過，有何文以為證耶？

答：《靈芝律師資持記》云：「問：『私習秉唱，未具忽聞；及未受前，曾披經律，因讀羯磨了知言義，成障戒否（即賊住）？』答：『準前後文，並論僧中正作，詐竊成障。安有讀文而成障戒。』古來高僧，各有在俗先披大藏。今時信士，多亦如之；若皆障戒，無乃太急。學者詳之。」又羯磨云：「二者，有人不得滿數應訶；謂若欲受大戒人。」《靈芝律師濟緣記》釋云：「謂沙彌受戒，或曾披律，或復重來，曉達如非。旁無訶者，所為不輕，聽自訶止。」曾披律者，既可求受大戒，足證無有賊住過矣。

問：前云已受比丘戒而不如法不得戒之白衣，雖在僧中聞正式作羯磨者亦不成賊住，此言尤足令人駭異。有何明文以為證耶？

答：羯磨云：「三者，不得滿數不得訶者，……白衣……。」《南山律祖疏》云：「前十三難，有過障戒。此好白衣，受十具戒，雖並心淨，不妨加法參差不成，仍本名故」。今案：我等已受戒而不如法不得戒者，即屬此類；雖於僧中聞作羯磨，亦僅判為不得滿數不得訶。絕不云成賊住難，以無詐竊心故，而云此好白衣也。

問：已受而不得戒之白衣，若聞僧中正式作羯磨而無賊住難者，何以說戒羯磨時遣沙彌出耶？

答：《靈芝律師資持記》云：「說戒遣未具者，恐生輕易，不論障戒；且如大尼亦遣，豈慮障戒耶？」

問：既不得沙彌、比丘戒，不堪為人世福田，虛消信施，罪果難逃耶？

答：《南山律祖行事鈔》云：「善見：檀越請比丘、沙彌雖未受具，亦入比丘數。涅槃：乃至未受十戒亦得受請。」《靈芝律師資持記》釋云：「論約法同（沙彌），經聽形同（出家優婆塞）；無非皆為解脫出家，即堪受供。」故知不為解脫出家，雖是比丘，亦應云虛消信施。若為解脫出家，雖優婆塞，亦堪為人世福田。

問：當來真實比丘出現，如法傳戒，即皆成為真實比丘，不須復云維持現狀。當其時，若有未受比丘戒者，仍可引據前例而先學比丘律耶？

答：前文曾云：「為護法心，維持現狀不令斷絕，令已受而未得者學習比丘律。」因引諸文曲為證明。余蓋欲於過渡時代，勉強維持，冀延一線之傳也。若當來皆成真實比丘，不須復立維持現狀。即應依通途軌則，慎重其事。凡有未受比丘戒者，不須令其輒學律也。豈唯當來，即以現在而論，若未經受戒者，亦不須學。唯有已受戒而不如法不得戒者，乃可令其學律；若如是者，庶幾無大過乎？

（按：文內多加著重圈，為易排版，從省。）

《佛教公論》第十一期，一九四七年二月一日

新集受三皈五戒八戒法式凡例

一、五戒八戒，當分屬小乘；然欲秉受戒品，應發大菩提心。未可獨善一身，偏趣寂滅；離開遮持犯，不異聲聞。而發心起行，宜同大士。清信之侶，幸其自勉！

二、皈戒功德，經論廣讚。汎言果報，局在人天；故須勤修淨行，期生彌陀淨土。宋靈芝元照律師所云：一者入道須有知，二者期心必有終。言有始者，即須受戒，耑志奉持。今於一切時中，對諸塵境，常憶受體。著衣喫飯、行住坐臥，語默動靜，不可暫忘也。言其終者，謂歸心淨土，決誓往生也。以五濁惡世，末法之時，惑業深纏，慣習難斷，自無道力，何由修證？故釋迦出世五十餘年，說無量法。應可度者，皆悉已度。其未度者，皆亦已作得度因緣。因緣雖多，難為造人。唯淨土法門，是修行徑路；故諸經論，偏讚淨土。佛法滅盡，唯《無量壽佛經》，百世在世。十方勸讚，信不徒然。

三、受皈戒者，應於出家五眾邊受。（出家五眾者，苾芻、苾芻尼、式叉摩那，沙彌、沙彌尼）。然以從大僧受者（大僧者，苾芻、苾芻尼），為通途常例。必無其人，乃依他眾（依《成實論》及《大智度論》，皆開自受八戒。《靈芝濟緣記》云：成智二論，並開自受，文約無師，義兼緣礙。靈峰云：受此八關齋法，須一出家人為作證明。不問大小兩乘五眾，但令畢世不非時食者，便可為師。設數里內決無其人，或可對經像前自誓秉受耳。）

四、受皈戒者，若依律制，應於師前，一一別受。其有多眾併合一時受者，蓋為難緣；非是通途之制。「有部」（即《根本一切有部》）〈毘柰耶雜事〉云：如來大師將入涅槃，五百壯士願受皈戒，時阿難陀作如是念：「彼諸壯士，於世尊處一一別受近事學者，時既淹久，妨廢圓寂，我今宜請與彼一時受其學處」，準斯明文，若無難緣，未可承用。

五、受皈戒時，授戒者說，受者隨語。西國法式，唯斯一途。唐義淨三藏云：「準如聖教，及以相承，並悉隨師說受戒語，無有師說，直問能不，戒事非輕，無容造次」。（是編專宗「有部」，與他律論之說小有歧異，學者亦毋因是疑謗他宗；以各被一機，並契聖教也。）

六、諸餘經論有云：不能具受五戒者，一分、二分得受。若依薩婆多毘尼毘婆沙說：「謂不具受者，不得戒。彼云：問曰：凡受優婆塞戒，設不能具受五戒，若受一戒乃至四戒，受得戒不？答曰：不得。若不得者，有經說有少分優婆塞、多分優婆塞、滿分優婆塞，此義云何？答曰：所以作是說者，欲明持戒功德多少，不言有如是受戒法也。」靈峰亦云：「若四分、三分等，既未全受，但可攝入出世福業，未可名戒學也。」準斯而論，今人欲受戒者，當自量度。必謂力弱心怯，不堪致遠，未妨先受一分乃至四分，若不爾者，應具受持，乃可名為戒學。豈宜畏難，失其勝利。

七、今人乞師證明受皈依者，輒稱皈依某師。俗例相承，沿效莫返。循名覈實，頗有未妥；以所皈依者為僧伽，非唯皈依某師一人故。靈峰云：「皈依僧者，則一切僧皆我師也。今世俗士，擇一名德比丘禮事之，竊竊然矜曰：吾某知識某法師門人也。彼知識法師者，亦竊竊然矜曰：彼某居士某宰官皈依於我者也。噫！果若此，則應曰皈依佛、皈依法、結交一大德可也，可云皈依僧也與哉！」故已受皈依者，於一切僧眾，若賢若愚，皆當尊禮為師，自稱弟子；未可驕慢，妄事分別。

八、今人受五戒已，輒爾披五條衣，手持坐具，壞濫制儀，獲罪叵測。依佛律制，必出家落髮已，乃授縵條衣。若五條衣，唯有大僧方許披服。今以白衣，濫同大僧，深為未可。（《方等陀羅尼經》云：在家二眾入壇行道，著無縫三衣。無縫，即是縵條，非五衣也。又《成實論》云：聽畜一禮懺衣，名曰鉢吒。鉢吒，即縵條也。據經論言：著縵條衣，亦可聽許；但準律部，無是明文，不著彌善。）若坐具者，梵言宜師但那。舊譯作泥師壇。此云坐具，亦云臥具。唯大僧用，以襯氈席，防其污穢。此土敷以禮拜，蓋出訛傳。大僧持之，猶乖聖教；況在俗眾，誖亂甚矣。（《義淨三藏》云：尼師但那，本為襯替臥具，恐有所損，不擬餘用。敷地禮拜，不見有文；故違聖言，誰代當罪。）

九、既受戒已，若犯上品重罪，即不可懺。若犯中品、下品輕罪，悉屬可悔。宜依律制，向僧眾前，發露說罪，罪乃可滅。豈可妄談實相，輕視作法。靈峰云：「說罪而不觀心，猶能決罪之流；倘談理而不發露，決難清罪之源。若必恥作法，而不肯奉行，則是顧惜體面，隱忍覆藏，全未了知罪性本空，豈名慧日！」又云：「世人正造罪時，實是大惡，不以為恥；向人發露，善中之善，反以為羞。甘於惡而苦於善，遂成惡中之惡，永無出期，顛倒愚癡，莫此為甚。」今於篇末，依《有部律》，酌定說罪之文。若承用時，未可鋪綴儀章，增減字句。是為聖制，不須僭易。

十末世以來，受皈戒者，多宗華山《三皈五戒正範》。曲逗時機，是彼所長。惜其儀文，頗傷繁縟。靈峰受三皈五戒法，頗稱精要，承用者稀，蓋可悵歎！（陳熙願謂此法唯約受者自說，而略錄之；若師前受，仍依華山。尋繹斯言，實出臆斷，戒事法式，宜遵聖教，若以西土常規，自為略錄，別宗異制，偏尚繁文，是非溷殽，若為安可！恐懷先惑，聊復辨陳。）是編集錄，悉承「有部」。（具云《根本說一切有部》。唐義淨三藏法師留學印度二十餘年，專攻此部。歸國已來，譯傳此部律文凡十九部，近二百卷。精確詳明，世稱新律。）宗彼律文，出其受法，簡捷明了，不逾數行。西土相傳，並依此制，匪曰泥古，且示一例，可用與否，願任後賢！

（謹按：此凡例據民國二十三年十一月天津刻經處刻行本鄉鰻，若文鈔所載，則與此不同。）

《弘　大師全集》著述類，一九四七年

《佛說無常經》敘

庚申之夏，余居錢塘玉泉龕舍，習《根本說一切有部律》。有誦《三啟無常經》之事數則。《根本薩婆多部律攝》卷七云：「佛言：『若苾芻來及五時者，應與利分。云何為五：一打犍椎時，二誦《三啟無常經》時，三禮制底時，四行籌時，五作白時。』」其餘數則，分註下文。又閱《義淨南海寄歸內法傳》，載誦《三啟無常經》之儀至詳[1]。因以知是經為佛世諸大弟子所習誦者；或以是為日課焉。經譯於唐，其時流傳未廣，誦者蓋罕[2]。宋元以來，殆無道及之者。余懼其湮沒不傳，致書善友丁居士，勸請流通。居士讚喜，屬為之敘。竊謂是經流通於世，其利最普，願略述之。經中數說老病死三種法，不可愛，不光澤，不可念，不稱意。誦是經者，痛念無常，精進嚮道，其利一。正經文字，不逾三百，益以偈頌，僅千數十。文約義豐，便於持誦，其利二。佛許苾芻，唯誦是經，作吟詠聲[3]。妙法稀有，梵音清遠，聞者喜樂[4]，其利三。此土葬儀誦經未有成軌；佛世之制，宜誦是經，毗柰耶藏[5]，本經附文，及內法傳[6]，皆詳言之，其利四。斬草伐木，大師所訶。築室之需，是不獲已。依律所載，宜誦是經；並說十善。不廢營作，毋傷仁慈[7]，其利五。是經附文，臨終方決，最為切要。修淨業者，所宜詳覽。若兼誦經，獲益彌廣。了知苦、空、無常、無我；方諸安養樂國，風鼓樂器，水注華間，所演法音，同斯微妙，其利六。生逢末法，去聖時遠；佛世芳規，末由承奉。幸有遺經，可資誦諷，每當日落黃昏，暮色蒼茫，吭聲哀吟，諷是經偈。逝多林中，窣堵波畔，流風遺俗，彷彿遇之，其利七。是經之要，略具於斯。唯願流通，普及含識。見者聞者，歡喜受持，共悟無常，同生極樂，廣度眾生，齊成佛道云爾。

是歲七月初二日大慈弘一沙門演音，撰於新城貝多山中。時將築室掩關，鳩工伐木。先夕誦《無常經》，是日草此序文，求消罪業。

一九二〇年（庚申）七月二日撰寫於新城貝多山中

1《南海寄歸內法傳》云：「神州之地，自古相傳，但知禮佛題名，多不稱揚讚德。何者？聞名但聽其名，罔識智之高下。讚歎具陳其德，乃體德之宏深。即如西方，制底畔睇，及常途禮敬，每於晡後或曛黃時，大眾出門，繞塔三帀。香華具設，並悉蹲踞。令其能者，作哀雅聲，明徹雄朗，讚大師德，或十頌，或二十頌。次第還入寺中，至常集處。既共坐定，令一經師，昇師子座，讀誦少經。其師子座，在上座頭。量處度宜，亦不高大。所誦之經多誦三啟。乃是尊者馬鳴之所集置。初可十頌許，取經意而讚歎三尊。次述正經，是佛親說。讀誦既了，更陳十餘頌，論回向發願。節段三開，故云三啟。經了之時，大眾皆云蘇婆師多。蘇，即是妙。婆師多，是語；意欲讚經是微妙語。或云娑婆度，義目善哉。經師方下，上座先起，禮師子座。修敬既訖，次禮聖僧座，還居本處。第二上座，準前理二處已，次禮上座，方局自位而坐。第三上座，準次同然，迄乎眾末。若其眾大，過三五人，餘皆一時望眾起禮，隨情而去。斯法乃是東方聖耽摩立底國僧徒軌式。」

2日本沙門最澄《顯戒論》，開示大唐貢名出家不欺府官明據五十一，轉有當院行者趙元及，年三十五，貫京兆府雲陽縣龍雲鄉修德里，父貞觀為戶身無籍，誦《無常經》一卷等。

3《根本說一切有部》〈毗奈耶雜事卷〉第四云：「佛言苾芻，不應作吟詠聲，誦諸經法，及以讀經。請教白事，皆不應作。然有二事，依吟詠聲：一謂讚大師德，二謂誦三啟經；餘皆不合。」

4《根本說一切有部》〈毗奈耶雜事卷〉第四云：「是時善和苾芻，作吟諷聲，讚誦經法。其音清亮，上徹梵天。時有無數眾生，聞其聲音，悉皆種植解脫分善根，乃至傍生稟識之類，聞彼聲者，無不攝耳，聽其妙音。後於異時，憍薩羅勝光大王，乘白蓮華象，與諸從者，於後夜時，有事出城，須詣餘處。善和苾芻，於逝多林內，高聲誦經。于時象王，聞音愛樂，屬耳而聽，不肯前行。御者即便推鉤振足，象終不動。王告御者曰：可令象行！答言：大王！盡力驅前，不肯移足。未知此象意欲何之？王曰：放隨意去！彼即縱鉤，便之給園，於寺門外，攝耳聽聲。善和苾芻，誦經既了；便說四頌，而發願言：天阿蘇羅藥叉等，乃至隨所住處常安樂。時彼象王，聞斯頌已；知其經畢，即便搖耳舉足而行，任彼馳驅，隨鉤而去。」

5《根本說一切有部》〈毗奈耶雜事卷〉第十八云，佛言：「苾芻身死，應為供養！苾芻不知云何供養。佛言：應可焚燒。具壽鄔波離請世尊曰：如佛所說，於此身中，有八萬戶蟲，如何得燒？佛言：此諸蟲類，人生隨生，若死隨死；此無有過。身有瘡者，觀察無蟲，方可燒殯。欲燒殯時，無柴可得。佛言：可棄河中，若無河者，穿地埋之。夏中地溼，多有蟲蟻？佛言：於叢薄深處，令其北首，左脅而臥，以草稕支頭。若草若葉，覆其身上。送喪苾芻，可令能者，誦《三啟無常經》；並說伽他，為其咒願。」《根本薩婆多部》《律攝卷》十二云：「苾芻身死，應檢其屍。若無蟲者，以火焚燒。無暇燒者，應棄水中，或埋於地。若有蟲及天雨，應共輿棄空野林外，北首而臥，竹草支頭，以葉覆身，面向西望。當於殯處，誦《無常經》；復令能者，說咒願頌。喪事既訖，宜還本處。其捉屍者，連衣俗身，若不觸者，應洗足。」《根本說一切有部》〈毗奈耶卷〉第四十三云：「出尊者屍，香湯洗浴，置寶輿中。奏眾伎樂，幢幡滿路，香菸遍空。王及大臣，傾城士女，從佛及僧，送諸城外。至一空處，積眾香木，灌灑香油，以火焚之，誦《無常經》畢；取舍利羅置金瓶內，於四衢路側，建窣堵波。種種香華，及眾音樂，莊嚴供養，昔未曾有。」

6《南洋寄歸內法傳》云：「然依佛教，苾芻亡者，觀知決死，當日舁向燒處，尋即以火焚之。當燒之時，親友咸萃，在一邊坐。或結草為坐；或聚土作臺，或置磚石，以充坐物。令一能者，誦《無常經》，半紙、一紙，勿令疲久。然後各念無常，還歸住處。」

7《根本說一切有部》〈毗奈耶卷〉第二十七云：「佛告阿難陀，營作苾芻，所有行法，我今說之。凡授事人，為營作故，將伐樹時，於七八日前，在彼樹下，作曼荼羅，布列香華，設諸祭食，誦三啟經。耆宿苾芻，應作犄欹拏咒願，說十善道，讚歎善業；復應告語：若於此樹，舊住天神，應向餘處，別求居止。此樹今為佛法僧寶，有所營作。過七八日已，應斬伐之。若伐樹時，有異相現者，應為讚歎施捨功德，說慳貪過。若仍現異相者，即不應伐。若無別相者，應可伐之。」又《根本薩婆多部律攝》卷第九所載者，與此略同。

律學要略

我出家以來，在江浙一帶並不敢隨便講經或講律，更不敢赴什麼傳戒的道場，其緣故是因個人感覺著學力不足。三年來在閩南雖曾講過些東西，自心總覺非常愧慚的。這次本寺諸位長者再三地喚我來參加戒期勝會，情不可卻，故今天來與諸位談談，但因時間匆促，未能預備，參考書又缺少，兼以個人精神衰弱，擬在此共講三天。今天先專為求授比丘戒者講些律宗歷史，他人旁聽，雖不能解，亦是種植善根之事。

為比丘者應先了知戒律傳入此土之因緣，及此土古今律宗盛衰之大概。由東漢至曹魏之初，僧人無皈戒之舉，唯剃髮而已。魏嘉平年中，天竺僧人法時到中土，乃立羯磨受法，是為戒律之始。當是時可算是真實傳授比丘戒的開始，漸漸達至繁盛時期。

大部之廣律，最初傳來的是《十誦律》，翻譯斯部律者，係姚秦時的鳩摩羅什法師，廬山淨宗初祖遠公法師亦竭力勸請讚揚。六朝時此律最盛於南方。其次翻譯的是《四分律》，時期和《十誦律》相去不遠，但遲至隋朝乃有人弘揚提倡，至唐初乃大盛。第三部是《僧祇律》，東晉時翻譯的，六朝時北方稍有弘揚者。劉宋時繼《僧祇律》後，有《五分律》，翻譯斯律之人，即是譯六十卷《華嚴經》者，文精而簡，道宣律師甚贊，可惜罕有人弘揚。至其後有《有部律》，乃唐武則天時義淨法師的譯著，即是西藏一帶最通行的律。當初義淨法師在印度有二十餘年的歷史，博學強記，貫通律學精微，非至印度之其他僧人所能及，實空前絕後的中國大律師。義淨回國翻譯終畢，他年亦老了，不久即圓寂，以後無有人弘揚，可惜！可惜！此外諸部律論甚多，不遑枚舉。

關於《有部律》，我個人起初見之甚喜，研究多年，以後因朋友勸告即改研《南山律》，其原因是《南山律》依《四分律》而成，又稍有變化，能適合吾國僧眾之根器故。現在我即專就《四分律》之歷史大略說些。

唐代是《四分律》最盛時期，以前所弘揚的是《十誦律》，《四分律》少人弘揚；至唐初《四分律》學者乃盛，共有三大派：一相部律，依法礪律師為主；二《南山律》，以道宣律師為主；三東塔律，依懷素律師為主。法礪律師在道宣之前，道宣曾就學於他。懷素律師在道宣之後，亦曾親近法礪道宣二律師。斯律雖有三大派之分，最盛行於世的可算《南山律》了。《南山律》師著作浩如淵海，其中《行事鈔》最負盛名，是時任何宗派之學者皆須研《行事鈔》；自唐至宋，解者六十餘家，唯靈芝元照律師最勝，元照律師尚有許多其他經律的註譯。元照後，律學漸漸趨於消沉，罕有人發心弘揚。

南宋禪宗益盛，律學更無人過問，所有唐宋諸家的律學撰述數千卷悉皆散失；迨至清初，唯存南山《隨機羯磨》一卷，如是觀之，大足令人興嘆不已！明末清初有蕅益見月諸大師等欲重興律宗，但最可憾者，是唐宋古書不得見。當時藕益大師著述有《毗尼事業集要》，初講時人數已不多，以後更少；結果成績頹然。見月律師弘律頗有成績，撰述甚多，有解《隨機羯磨》者，毗尼作持，與南山頗有不同之處，因不得見南山著作故！此外尚有最負盛名的《傳戒正範》一部，從明末至今，傳戒之書獨此一部，傳戒尚存之一線曙光，唯賴此書；雖與南山之作未能盡合，然其功甚大，不可輕視；但近代受戒儀軌，又依此稍有增減，亦不是見月律師《傳戒正範》之本來面目了。

南宋至清七百餘年，關於唐宋諸家律學撰述，已謂無存；清光緒末年乃自日本請還唐宋諸家律書之一部分，近十餘年間，在天津已刊者數百卷。此外《續藏經》中所收尚未另刊者猶有數百卷。

今後倘有人發心專力研習弘揚，可以恢復唐代之古風，凡藕益見月等所欲求見者今悉俱在；我們生此時候，實比蕅益見月諸大師幸福多多。

但學律非是容易的事情，我雖然學律近二十年，僅可謂為學律之預備，窺見了少許之門徑；再預備數年，乃可著手研究，以後至少須研究二十年，乃可稍有成績。奈我現在老了，恐不能久住世間，很盼望你們有人能發心專學戒律，繼我所未竟之志，則至善矣。

我們應知道，現在所流通之《傳戒正範》，非是完美之書，何況更隨便增減，所以必須今後恢復古法乃可；此皆你們的責任，我甚希望大家共同勉勵進行！

今天續講三皈、五戒乃至菩薩戒之要略。

三皈、五戒、八戒、沙彌沙彌尼戒、式叉摩那戒、比丘比丘尼戒、菩薩戒等，就普通說，菩薩戒為大乘，餘皆小乘，但亦未必盡然，應依受者發心如何而定。我近來研究《南山律》，內中有云：「無論受何戒法，皆要先發大乘心，」由此看來，那有一種戒法專名為小乘的呢！再就受戒方法論，如：三皈、五戒、沙彌沙彌尼戒，皆用三皈依受；至於比丘比丘尼戒、菩薩戒，則須依羯磨文受；又如式叉摩那則是作羯磨與學戒法，不是另外得戒，與上不同。再依在家出家分之：就普通說，在家如三皈、五戒、八戒等，出家如沙彌比丘等，實而言之，三皈、五戒、八戒，皆通在家出家。諸位聽著這話，或當懷疑，今我以例證之，如：明靈峰蕅益大師，他初亦受比丘戒，後但退作三皈人，如是言之，只有三皈亦可算出家人。

又若單五戒亦可算出家人，因剃髮以後，必先受五戒，後再受沙彌戒，未受沙彌戒前，止是五戒之出家人。故五戒通於在家出家，有在家優婆塞，出家優婆塞之別；例如：明蕅益大師之大弟子成時性旦二師，皆自稱為出家優婆塞。成時大師為編輯《淨土十要》及《靈峰宗論》者，性旦大師為紀錄《彌陀要解》者，皆是明末的高僧。

八戒何為亦通在家出家？《藥師經》中說：比丘亦可受八戒，比丘再受八戒為欲增上功德故。這樣看起來，八戒亦通於僧俗。

以上略判竟，以下一一分別說之。

三皈：不屬於戒，僅名三皈。三皈者：皈依佛，皈依法，皈依僧。未受以前必須要了解三皈道理，並非糊裡糊塗地盲從瞎說，如這樣子皆不得三皈。

所謂三寶有四種之別，一、理體三寶，二、化相三寶，三、住持三寶，四、一體三寶。盡講起來很深奧複雜，現在且專就住持三寶來說。三寶意義是什麼？佛，法，僧。所謂佛即形像，如：釋迦佛像、藥師佛像、彌陀佛像等；法即佛所說之經，如：《法華經》、《楞嚴經》等，皆佛金口所流露出來之法；僧即出家剃髮受戒有威儀之人。以上所說佛、法、僧道理，可謂最淺近，諸位諒皆能明瞭吧。

皈依即迴轉的意義，因前背捨三寶，而今轉向三寶，故謂之皈依。但無論出家在家之人，若受三皈時，最重要點有二：第一要注意皈依三寶是何意義？第二當受三皈時，師父所說應當十分明白，或師父所講的話，全是文言不能了解，如是絕不能得三皈；或隔離太遠，聽不明白，亦不得三皈；或雖能聽到大致了解，其中尚有一二懷疑處，亦不得三皈。又正授之時，即是「皈依佛」、「皈依法」、「皈依僧」三說，此最要緊，應十分注意；以後之「皈依佛竟」，「皈依法竟」，「皈依僧竟」，是名三結，無關緊要；所以諸位發心受戒，應先瞭知三皈意義，又當正授時，要在先「皈依佛」等三語注意，乃可得三皈。

以上三皈說已，下說五戒。

五戒：就五戒言，亦要請師先為說明。五戒者：殺，盜，淫，妄，酒。當師父說明五戒意義時，切要用白話，淺近明瞭，使人易懂。受戒者聽畢，應先自思量如是諸戒能持否，若不能全持，或一，或二，或三，或四，皆可隨意；寧可不受，萬不可受而不持！且就殺生而論，未受戒者，犯之本應有罪；若已受不殺戒者犯之，則罪更加重一倍，可怕不可怕呢！你們試想一想，如果不能受持，勉強敷衍，實是自尋煩惱！據我思之：五戒中最容易持的，是：不邪淫，不飲酒；諸位可先受這兩條最為穩當；至於殺與妄語，有大小之分，大者雖不易犯，小者實為難持；又五戒中最為難持的莫如盜戒，非於盜戒戒相研究十分明了之後，萬不可率爾而受。所以我盼望諸位對於盜戒一條緩緩再說，至要！至要！但以現在傳戒情形看起來，在這許多人眾集合場中，實際上是不能如上一一別受；我想現在受五戒時，不妨合眾總受五戒，俟受戒後，再自己斟酌取捨，亦未為不可；於自己所不能奉持的數條，可以在引禮師前或俗人前捨去，這樣辦法，實在十分妥當，在授者減麻煩，諸位亦可免除煩惱。另外還有一句要緊的話，倘有人懷疑於此大眾混雜擾亂之時，心中不能專一注想，或恐猶未得戒者，不妨請性願老法師或其他善知識，再為重授一次，他們當即慈悲允許。諸位！你們萬不可輕視三皈五戒！我有句老實話對諸位說：菩薩戒不是容易得的，沙彌戒及比丘戒是不能得的，無論出家或在家人所希望者，唯有三皈五戒，我們倘能得三皈五戒，那就是很好的了。因受持五戒，來生定可為人；既能持五戒，再說念阿彌陀佛名號，求生西方，臨終時定能往生西方極樂世界，豈不甚好。就我自己而論，對於菩薩戒是有名無實，沙彌戒及比丘戒決定未得；即以五戒而言，亦不敢說完全，止可謂為出家多分優婆塞而已，這是實話。所以我盼望諸位要注意三皈五戒；當受五戒，應知於前說三皈正得戒體，最宜注意；後說五戒戒相為附屬之文，不是在此時得戒。又須請師先為說明五戒之廣狹；例如：飲酒一戒不唯不飲泉州酒店之酒，凡盡法界虛空界之戒緣境酒，皆不可飲。殺，盜，淫，妄，亦復如是。所以受戒功德普遍法界，實非人力所能思議。

寶華山見月律師所編《三皈五戒正範》，所有開示多用駢體文，聞者萬不能了解，等於虛文而已；最好請師譯成白話。此外我更附帶言之：近有為人授五戒者於不飲酒後加不吸菸一句，但這不吸菸可不必加入；應另外勸告，不應加入五戒文中。

以上說五戒畢，以下講八戒。

八戒：具云八關齋戒。「關」者禁閉非逸，關閉所有一切非善事。「齋」是清的意思，絕諸一切雜想事。八關齋本有九條，因其中第七條包含兩條，故合計為八條。前五與五戒同，後三條是另加的。後加三者，即：第六，華香瓔珞香油塗身，這是印度美麗裝飾之風俗，我國只有花香，並無瓔珞等；但所謂香如吾國香粉、香水、香牙粉、香牙膏及香皂等，皆不可用。

第七，高勝牀上坐，作倡伎樂故往觀聽。這就是兩條合為一條的；現略為分析：「高」是依佛制度，坐臥之牀腳，最高不能超過一尺六寸；「勝」是指金銀牙角等之裝飾，此皆不可。但在他處不得已的時候，暫坐可開：佛制是專為自製的，須結正罪，如別人已作成功的不是自製的，罪稍輕。作倡伎樂故往聽，音樂影戲等皆屬此條；所謂故往觀聽之「故」字要注意，於無意中偶然聽到或看見的不犯。以上高勝牀上坐，作倡伎樂故往觀聽，共合為一條。受八關齋戒的人，皆不可為。

第八，非時食。佛制受八關齋戒後，自黎明至正午可食，倘越時而食，即叫做非時食——即平常所說的「過午不食」。但正午後，不單是飯等不可食，如牛奶水果等均不用可。如病重者，於不得已中，可在大家看不到的地方開食粥等。

受八關齋戒，普通於六齋日受；六齋日者，即初八，十四，十五，廿三，及月底最後二日；倘能發心日日受，那是最好不過了。受時要在每天晨起時，期限以一日一夜——天亮時至夜，夜至明早。受八關齋戒後，過午不食一條，應從今天正午後至明日黎明時皆不可食。又八戒與菩薩戒比較別的戒有區別；因為八戒與菩薩戒，是頓立之戒。（但上說的菩薩戒，是局就「梵網瓔珞」等而說的；若依「瑜伽戒本」，則屬於漸次之戒。）這是什麼緣故呢？未受五戒、沙彌戒、比丘戒，皆可即受菩薩戒或八戒，故曰頓立；若漸次之戒，必依必第次，如先五戒，次沙彌戒，次比丘戒，層層上去的。以上所說八關齋戒，外江居士受的非常之多；我想閩南一帶，將來亦應當提倡提倡！若嫌每月六日太多，可減至一日或兩日亦無不可；因僅受一日，如有極大功德，何況六日全受呢！

沙彌戒：沙彌戒諸位已知道了吧？此乃正戒，共十條。其中九條同八戒，另加手不捉錢寶一條，合而為十。但手不捉錢寶一條，平常人不明白，聽了皆怕；不知此不捉錢寶是易持之戒，律中有方便辦法，叫做「說淨」，經過說淨的儀式後，亦可照常自己捉持；最後繁難者，是正戒十條外於比丘戒亦應學習，犯者結罪。我初出家時不曉得，後來學律才知道。這樣看起來，持沙彌戒亦是不容易的一回事。

沙彌尼戒：即女眾，法戒與沙彌同。

式叉摩那戒——梵語式叉摩那，此云學法女外江各叢林，皆謂在家貞女為式叉摩那，這是錯誤的。閩南這邊，那年開元寺傳戒時，對於貞女不稱式叉摩那，只用貞女之名，這是很通；

平常人多不解何者為式叉摩那，我現在略為解釋一下：

那一種人可以受式叉摩那戒呢？要已受沙彌尼式的人於十八歲時，受式叉摩那法，學習二年，然後再受比丘尼戒；因為佛制二十歲乃可受戒，於十八歲時，再學二年正當二十歲。於二年學習時，僧作羯磨，與學戒法；二年學畢乃可受比丘尼戒；但式叉摩那要學三法：一學根本法——即四重戒。二學六法——染心相觸，盜減五錢，斷畜命，小妄語，非時食，飲酒。三學行法——大尼諸戒及威儀。

此僅是受學戒法，非另外得戒，做與他戒不同。以下講比丘戒。

比丘戒：因時間很短，現在不能詳細說明，唯有幾句要緊話先略說之：

我們生此末法時代，沙彌戒與比丘戒皆是不能得的，原因甚多甚多！今且舉出一種來說，就是沒有能授沙彌戒比丘戒的人；若受沙彌戒，須二比丘授，比丘戒至少要五比丘授；倘若找不到比丘的話，不單比丘戒受不成，沙彌戒亦受不成。我有一句很傷心的話要對諸位講：從南宋迄今六七百年來，或可謂僧種斷絕了！以平常人眼光看起來，以為中國僧眾很多，大有達至幾百萬之概；據實而論，這幾百萬中，要找出一個真比丘，怕也是不容易的事！如此怎樣能受沙彌比丘戒呢？既沒有能授戒的人，如何會得戒呢？我想諸位聽到這話，心中一定十分掃興；或以為既不得戒，我們白喫辛苦，不如早些回去好，何必在此辛辛苦苦做這種極無意味的事情呢？但如此懷疑是大不對的，我勸諸位應好好地、鎮靜地在此受沙彌戒比丘戒才是！雖不得戒，亦能種植善根，兼學種種威儀，豈不是好；又若想將來學律，必先掛名受沙彌比丘戒，否則以白衣學律，必受他人譏評，所以你們在這兒發心受沙彌比丘戒是很好的！

這次本寺諸位長老喚我來講律學大意，我感著有種種困難之點：這是什麼緣故？比方我在這兒，不依據佛所說的道理講，一味地隨順他人顧惜情面敷衍了事，豈不是我害了你們嗎？若依實在的話與你們講，又恐怕因此引起你們的懷疑；所以我覺得十分困難。因此不得已，對於諸位分作兩種說法：一、老實不客氣地，必須要說明受戒真相，恐怕諸位出戒堂後，妄自稱為沙彌或比丘，致招重罪，那是不得了的事情！我有種比方，譬如：泉州這地方有司令官等，不識相的老百姓亦自稱我是司令官，如司令官等聽到，定遭不良結果，說不定有槍斃之危險！未得沙彌比丘戒者，妄自稱為沙彌或比丘，必定遭惡報，亦就是這個道理。我為著良心的驅使，所以要對諸位說老實話。二、以現在人情習慣看起來，我總勸諸位受戒，掛個虛名，受後俾可學律；不然，定招他人誹謗之虞；這樣的說，諸位定必明瞭吧。

更進一層說，諸位中若有人真欲紹隆僧種，必須求得沙彌比丘戒者，亦有一種特別的方法；即是如蕅益大師禮《占察懺儀》，求得清淨輪相，即可得沙彌比丘戒；除此以外，無有辦法。故蕅益大師云：「末世欲得淨戒，捨此占察輪相之法，更無別途。」因為得清淨輪相之後，即可自誓總受菩薩戒而沙彌比丘戒皆包括在內，以後即可稱為菩薩比丘。禮《占察懺》得清淨輪相，雖是極不容易的事，倘諸位中有真發大心者，亦可奮力進行，這是我最希望你們的。以下說比丘尼戒：

比丘尼戒：現在不能詳說。依據佛制，比丘尼戒要重複受兩次；先依尼僧授本法，後請大僧正授，但正得戒時，是在大僧正授時；此法南宋以後已不能實行了。最後說菩薩戒。

菩薩戒：為著時間關係，亦不能詳說。現在略舉三事：一、要有菩薩種性，又能發菩提心，然後可受菩薩戒。什麼是種性呢？就簡單來說，就是多生以來所成就的資格。所以當受戒時，戒師問：「汝是菩薩否？」應答曰：「我是菩薩！」這就是菩薩種性。戒師又問：「既是菩薩，已發菩提心否？」應答曰：「已發菩提心。」這就是發菩提心。如這樣子才能受菩薩戒。二、平常人受菩薩戒者皆是全受；但依《瓔珞本業經》，可以隨身分受，或一或多；與前所說的受五戒法相同。三、犯相輕重，依舊疏新疏有種種差別，應隨個人力量而行；現以例說，如：妄語戒，舊疏說大妄語乃犯波羅夷罪，新疏說，小妄語即犯波羅夷罪；至於起殺盜淫妄之心，即犯波羅夷，乃是為地上菩薩所制。我等凡夫是做不到的。

所謂菩薩戒雖不易得，但如有真誠之心，亦非難事；且可自誓受，不比沙彌比丘戒必須要請他人授；因為菩薩戒、五戒、八戒皆可自誓受，所以我們頗有得菩薩戒之希望！

今天律學要略講完，我想在其中有不妥當處或錯誤處，還請諸位原諒。最後我尚有幾句話：諸位在此受戒很好。在近代說，如外江最有名望的地方，雖有傳戒，實不及此地完備，這是這裡辦事很有熱心，很有精神，很有秩序，誠使我佩服，使我讚美。就以講律來說，此地戒期中講《沙彌律》、《比丘戒本》、《梵網經》，他方是難有的。幾年前泉州大開元寺於戒期中提倡講律，大家皆說是破天荒的舉動。本寺此次傳戒之美備，實與數年前大開元寺相同；並有露天演講，使外人亦有種植善根之機緣，誠辦事周到之處。本年天災頻仍，泉州亦不在例外，在人心慘痛、境遇蕭條的狀況中，本寺居然以極大規模，很圓滿的開戒，這無非是諸位長老及大護法的道德感化所及；我這次到此地，心實無限歡喜，此是實話，並非捧場；此次能碰著這大機緣與諸位相聚，甚慰衷懷，最後還要與諸位恭喜。

《佛海燈》第一卷第四—六期，一九三六年二—四月十二日

修持

佛教之簡易修持法

我到永春的因緣，最初發起，在三年之前。性願老法師常常勸我到此地來，又常提起普濟寺是如何如何的好。

兩年以前的春天，我在南普陀講律圓滿以後，妙慧師便到廈門請我到此地來。那時因為學律的人要隨行的太多，而普濟寺中設備未廣，不能夠收容，不得已而中止。是為第一次欲來未果。

是年的冬天，有位善興師，他持著永春諸善友一張請帖，到廈門萬石巖去，要接我來永春。那時因為已先應了泉州草菴之請，故不能來永春。是為第二次欲來未果。

去年的冬天，妙慧師再到草菴來接。本想隨請前來，不意過泉州時，又承諸善友挽留，不得已而延期至今春。是為第三次欲來未果。

直至今年半個月以前，妙慧師又到泉州勸請，是為第四次。因大眾既然有如此的盛意，故不得不來。其時在泉州各地講經，很是忙碌，因此又延擱了半個多月。今得來到貴處，和諸位善友相見，我心中非常的歡喜。自三年前就想到此地來，屢次受了事情所阻，現在得來，滿其多年的夙願，更可說是十分的歡喜了。

今天承諸位善友請我演講。我以為談玄說妙，雖然極為高尚，但於現在行持終覺了不相涉。所以今天我所講的，且就常人現在即能實行的，約略說之。

因為專尚談玄說妙，譬如那飢餓的人，來研究食譜，雖山珍海錯之名，縱橫滿紙，如何能夠充飢。倒不如現在得到幾種普通的食品，即可入口。得充一飽，才於實事有濟。

以下所講，分為三段。

一、深信因果

因果之法，雖為佛法入門的初步，但是非常的重要，無論何人皆須深信。何謂因果？因者好比種子，下在田中，將來可以長成為果實。果者譬如果實，自種子發芽，漸漸地開花結果。

我們一生所作所為，有善有惡，將來報應不出下列：

姚李種　長成就桃李——作善報善

荊棘種　長成為荊棘——作惡報惡

所以我們要避凶得吉，消災得福，必須要厚植善因，努力改過遷善，將來才能夠獲得吉祥福德之好果。如果當作惡因，而要想免除凶禍災難，那裡能夠得到呢？

所以第一要勸大家深信因果，了知善惡報應，一絲一毫也不會差的。

二、發菩提心

「菩提」二字是印度的梵語，翻譯為「覺」，也就是成佛的意思。發者，是發起，故發菩提心者，便是發起成佛的心。為什麼要成佛呢？為利益一切眾生。須如何修持乃能成佛呢？須廣修一切善行。以上所說的，要廣修一切善行，利益一切眾生，但須如何才能夠徹底呢？須不著我相。所以發菩提心的人，應發以下之三種心：

（一）大智心　不著我相　此心雖非凡夫所能發，亦應隨分觀察。

（二）大願心　廣修善行

（三）大悲心　救眾生若

又發菩提心者，須發以下所記之四弘誓願：

（一）眾生無邊誓願度　菩提心以大悲為體，所以先說度生。

（二）煩惱無盡誓願斷　願一切眾生，皆能斷無盡之煩惱。

（三）法門無量誓願學　願一切眾生，皆能學無量之法門。

（四）佛道無上誓願成　願一切眾生，皆能成無上之佛道。

或疑煩惱以下之三願，皆為我而發，如何說是願一切眾生？這裡有兩種解釋：一就淺來說，我也就是眾生中的一人，現在所說的眾生，我也在其內。再進一步言，真發菩提心的，必須徹悟法性平等，絕不見我與眾生有什麼差別，如是才能夠真實和菩提心相應。所以現在發願，說願一切眾生，有何妨耶！

三、專修淨土

既然已經發了菩提心，就應說努力地修持。但是佛所說的法門很多，深淺難易，種種不同。若修持的法門與根器不相契合的，用力多而收效少。倘與根器相契合的，用力少而收效多。在這末法之時，大多數眾生的根器，和那一種法門最相契合呢？說起來只有淨土宗。因為泛泛修其他法門的，在這五濁惡世，無佛應現之時，很是困難。若果專修淨土法門，則依佛大慈大悲之力，往生極樂世界，見佛聞法，速證菩提，比較容易得多。所以龍樹菩薩曾說，前為難行道，後為易行道，前如陸路步行，後如水道乘船。

關於淨土法門的書籍，可以首先閱覽者，《初機淨業指南》、《印光法師嘉言錄》、《印光法師文鈔》等。依此就可略知淨土法門的門徑。

近幾個月以來，我在泉州各地方講經，身體和精神都非常的疲勞。這次到貴處來，匆促演講，不及預備，所以本說的未能詳盡。希望大眾原諒。

一九三九年（己卯）四月十六日在永春桃源殿講 李芳遠記、《覺有情半月刊》第四十二、四十三期合刊，一九四一年七月一日

淨土法門大意

今日在本寺演講，適值念佛會期。故為說修淨土宗者應注意的幾項。

修淨土宗者，第一須發菩提心。《無量壽經》中所說三輩往生者，皆須發無上菩提之心。觀《無量壽經》亦云，欲生彼國者，應發菩提心。

由是觀之，唯求自利者，不能往生。因與佛心不相應，佛以大悲心為體故。

常人謂淨土宗唯是送死法門（臨終乃有用）。豈知淨土宗以大菩提心為主。常應抱積極之大悲心，發救濟眾生之宏願。

修淨土宗者，應常常發代眾生受苦心。願以一肩負擔一切眾生，代其受苦。所謂一切眾生者，非限一縣一省，乃至全世界。若依佛經說，如此世界之形，更有不可說不可說許多之世界，有如此之多故。凡此一切世界之眾生，所造種種惡業應受種種之苦，我願以一人一肩之力完全負擔。絕不畏其多苦，請旁人分任。因最初發誓願，決定願以一人之力救護一切故。

譬如日。不以世界多故，多日出現。但一日出，悉能普照一切眾生。今以一人之力，負擔一切眾生，亦如是。

以上但云以一人能救一切，是橫說。若就豎說，所經之時間，非一日數日數月數年。乃經不可說不可說久遠年代，盡於未來，絕不厭倦。因我願於三惡道中，以身為抵押品，贖出一切惡道眾生。眾生之罪未盡，我絕不離惡道，誓願代其受苦。故雖經過極長久之時間，亦絕不起一念悔心，一念怯心，一念厭心。我應生十分大歡喜心，以一身承當此利生之事業也。已上講應發大菩提心竟。

至於讀誦大乘，亦是「觀經」（即《觀無量壽經》）所說。修淨土法門者，固應誦《阿彌陀經》，常念佛名。然亦可以讀誦〈普賢行願品〉，回向往生。因經中最勝者，《華嚴經》。《華嚴經》之大旨，不出〈普賢行願品〉第四十卷之外。此經中說，誦此普賢願王者，能獲種種利益，臨命終時，此願不離，引導往生極樂世界，乃至成佛。故修淨土法門者，常讀誦此〈普賢行願品〉，最為適宜也。

至於作慈善事業，乃是人類所應為者。專修念佛之人，往往廢棄世緣，懶作慈善事業，實有未可。因現生能作種種慈善事業，亦可為生西女資糧也。

就以上所說
第一勸大家應發大菩提心。否則他人將謂淨土法門是小乘消極的厭世的送死的若發心者，自無此譏評。
復勸常讀〈行願品〉，可以助發增長大菩提心。
至於作慈善事業尤要。
因既為佛徒，即應努力作利益社會種種之事業，乃能令他人了解佛教是救世的、積極的。不起誤會。
關於淨土宗修持法，於諸事皆詳載，無俟贅陳。故唯述應注意者數事，以備諸君參考。

《弘一大師全集》著述類，一九四七年

淨宗問辨

古德撰述，每設問答，遣除惑疑，翼贊淨土，厥功偉矣。宋代而後，迄於清初，禪宗最盛，其所致疑多原於此。今則禪宗漸衰，未勞攻破。而復別有疑義，盛傳當時。若不商榷，或致詿亂。故於萬壽講次，別述所見，翼息時疑。匪曰好辨，亦以就正有道耳。

問：當代弘揚淨土宗者，恆謂專持一句彌陀，不須復學經律論等，如是排斥教理，偏讚持名，豈非主張太過耶？

答：上根之人，雖有終身專持一句聖號者，而絕不應排斥教理。若在常人，持名之外，須於經律論等隨力兼學，豈可廢棄。且如靈芝疏主，雖撰義疏盛讚持名，然其自行亦復深研律藏，旁通天台法相等，其明證矣。

問：有謂淨土宗人，率多拋棄世緣，其信然歟？

答：若修禪定或止觀或密咒等，須謝絕世緣，入山靜習。淨土法門則異於是。無人不可學，無處不可學，士農工商各安其業，皆可隨分修其淨土。又於人事善利群眾公益一切功德，悉應盡力集積，以為生西資糧，何可云拋棄耶！

問：前云修淨業者不應排斥教理拋棄世緣，未審出何經論？

答：經論廣明，未能具陳，今略舉之。《觀無量壽佛經》云：「欲生彼國者當修三福。一者，孝養父母，奉事師長，慈心不殺，修十善業。二者，受持三皈，具足眾戒，不犯威儀。三者，發菩提心，深信因果，讀誦大乘，勸進行者。如此三事，名為淨業，乃是過去、未來、現在三世諸佛淨業正因。」《無量壽經》云：「發菩提心，修諸功德，殖諸德本，至心回向，歡喜言樂，修菩薩行。」《大寶積經》〈發勝志樂會〉云：「佛告彌勒菩薩言：『菩薩發十種心。一者，於諸眾生，起於大慈，無損害心。二者，於諸眾生，起於大悲，無逼惱心。三者，於佛正法，不惜身命，樂守護心。四者，於一切法，發生勝忍，無執著心。五者，不貪利養，恭敬尊重，淨意樂心。六者，求佛種智，於一切時，無忘失心。七者，於諸眾生，尊重恭敬，無下劣心。八者，不著世論，於菩提分，生決定心。九者，種諸善根，無有雜染，清淨之心。十者，於諸如來，捨離諸相，起隨念心。若人於此十種心中，隨成一心，樂欲往生極樂世界，若不得生，無有是處。』」

問：菩薩應常處娑婆，代諸眾生受苦，何故求生西方？

答：靈芝疏主初出家時，亦嘗堅持此見，輕謗淨業。後遭重病，色力痿羸，神識迷茫，莫知趣向。既而病瘥，頓覺前非，悲泣感傷，深自尅責。以初心菩薩未得無生法忍。志雖洪大，力不堪任也。《大智度論》云：具縛凡夫有大悲心，願生惡世救苦眾生無有是處。譬如嬰兒不得離母。又如弱羽祇可傳枝。未證無生法忍者，要須常不離佛也。

問：法相宗學者欲見彌勒菩薩，必須求生兜率耶？

答：不盡然也。彌陀菩薩乃法身大士，塵塵剎剎同時等遍。兜率內院有彌勒，極樂世界亦有彌勒，故法相宗學者不妨求生西方。且生西方已，並見彌陀及諸大菩薩，豈不更勝？《華嚴經》〈普賢行願品〉云：「到已，即見阿彌陀佛、文殊師利菩薩、普賢菩薩、觀自在菩薩、彌勒菩薩等。」又《阿彌陀經》云：「其中多有一生補處，其數甚多，非是算數所能知之，但可以無量無邊阿僧祇說。眾生聞者，應當發願，願生彼國。所以者何？得與如是諸上善人俱會一處。」據上所引經文，求生西方最為殊勝也。故慈恩教主窺基大師曾撰《阿彌陀經》〈通贊〉三卷及〈疏〉一卷，普勸眾生同歸極樂。遺範具在，的可依承。

問：兜率近而易生，極樂遠過十萬億佛土，若欲往生不綦難歟？

答：《華嚴經》〈普賢行願品〉云：「一剎那中，即得往生極樂世界」。《靈芝彌陀義疏》云：「十萬億佛土，凡情疑遠，彈指可到。十方淨穢同一心故。心念迅速不思議故。」由是觀之，無足慮也。

問：聞密宗學者云，若唯修淨土法門，念念求生西方，即漸漸減短壽命，終致夭亡。故修淨業者，必須兼學密宗長壽法，相輔而行，乃可無慮。其說碻乎？

答：自古以來，專修淨土之人，多享大年，且有因念佛而延壽者。前說似難信也。又既已發心求生西方，即不需顧慮今生壽命長短，若顧慮者必難往生。人世長壽不過百年，西方則無量無邊阿僧祇劫。智者權衡其間，當知所輕重矣。

問：有謂彌陀法門，專屬送死之教，若藥師法門，生能消災延壽，死則往生東方淨剎，豈不更善？

答：彌陀法門，於現生何嘗無有利益，具如經論廣明，今且述余所親聞事實四則證之，以息其疑。一、瞽目重明。嘉興范古農友人戴君，曾卒業於上海南洋中學，忽爾雙目失明，憂鬱不樂。古農乃勸彼念阿彌陀佛，並介紹居住平湖報本寺，日夜一心專念。如是年餘，雙目重明如故。此事古農為余言者。二、沉痾頓癒。海鹽徐蔚如旅居京師，屢患痔疾，經久不癒。曾因事遠出，乘人力車磨擦顛簸，歸寓之後，痔乃大發，痛徹心髓，經七晝夜不能睡眠，病已垂危。因憶華嚴十回向品代眾生受苦文，依之發願。後即一心專念阿彌陀佛，不久遂能安眠，醒後痔疾頓癒，迄今已十數年，未曾再發。此事蔚如嘗與印光法師言之。余復致書詢問，彼言確有其事也。三、冤鬼不侵。四川釋顯真，又字西歸。在家時歷任縣長，殺戮土匪甚多。出家不久，即住寧波慈谿五磊寺，每夜夢見土匪多人，血肉狼籍，凶暴憤怒。執持槍械，向其索命。遂大恐懼，發勇猛心，專念阿彌陀佛，日夜不息，乃至夢中亦能持念。夢見土匪，即念佛號以勸化之。自是夢中土匪漸能和馴。數月以後，不復見矣。余與顯真同住最久，常為余言其往事，且歎念佛功德之不可思議也。四、危難得免。溫州吳璧華勤修淨業，行住坐臥，恆念彌陀聖號。十一年壬戌七月下旬，溫州颶風暴雨，牆屋倒壞者甚多。是夜璧華適臥牆側，默念佛號而眠。夜半，牆忽傾圮，磚礫泥土墜落遍身，家人疑已壓斃，相率奮力除去磚土，見璧華安然無恙，猶念佛號不輟。察其顏面以至肢體，未有毫髮損傷，乃大驚歎，共感佛恩。其時余居溫州慶福寺，風災翌日，璧華親至寺中向余言之。璧華早歲奔走革命，後信佛法，於北京溫州杭州及東北各省盡力弘揚佛化，並主辦賑濟慈善諸事，臨終之際，持念佛號，諸根悅豫，正念分明。及大斂時，頂門猶溫，往生極樂，可無疑矣。

《佛學半月刊》第一二二期，一九三六年三月一日、《弘法月刊》第二十九期

勸念佛菩薩求生西方

近印光法師嘗云：飛機炸彈大砲常常有，當此時應精進念佛菩薩名號。

（一）不應死者，可消災免難。

（二）若定業不可轉，應被難命終者，即可因此生西方。

以上法師之言，今略申說其意。

念佛（阿彌陀佛），常人唯知生西，但現生亦有利益。古德嘗依經論之義，謂念佛有十大利益。念觀世音名號，常人皆知現生獲益，故念佛菩薩可避飛機炸彈大砲，亦決定無疑。

常人見飛機來，唯知懼。空怕，何益。入地洞上山亦無益。唯有誠心念佛菩薩。於十分危險時，念佛菩薩必懇切，容易獲感應。若欲免難，唯有勤念佛菩薩。危險時須念，平日亦須念。因平日勤念，危險時更得力。

業有二種，以上且約不定業言。倘定業不可轉，必須被難命終者，雖為彈砲所傷，亦決定生西。

常人唯知善終（即因病）乃生西，但為彈炮所傷亦可生。因念佛菩薩誠佛菩薩必來接引，無痛苦生西。

須知生西後，無苦但樂。衣食自然，居處美麗，常見佛菩薩聞法，乃最好之事。故被傷生西，可謂因禍得福。

無論何人，皆應求生西方。即現在不應死者，暫免災難，亦不能永久安樂。娑婆苦。今生尚輕，前幾生更苦。此次苦尚輕，以後更苦。故欲十分安全，不可專顧目前暫時，必須放開遠大眼光，求生西方也。

若約通途教義言，應觀我身人身山河大地等皆虛妄不實，飛機炸彈大砲等亦當然空無所有。如常人所誦之《心經》、《金剛經》等皆明此義。《心經》云：照見五蘊皆空，度一切苦厄。《金剛經》云：一切有為法，如夢幻泡影，如露亦如電，應作如是觀。

若再詳言，應分為空假中三觀，復有次第一心之別。但吾人僅可解其義，若依此修觀則至困難，如勉強修之，遇境亦不得力。故印光法師勸人專修淨土法門也。因此法門易解，人人皆可實行。

故勸諸君須深信淨土法門。又須於印光法師前所說者，深信不疑，安心念佛菩薩名號，不必憂懼也。

此次與日本抗戰，他處皆多少受損害，唯泉州安然。此是諸君念佛誦經之力，故能免一時之危險。但後患方長，不可安心，必須精進念佛菩薩，俾今生命終時，決定生西。乃是十分安全之道也。

略說。勸念菩薩，求生西方。至要至要。

《弘一大師全集》著述類，一九四七年

勸人聽鐘念佛文

近有人新發明聽鐘念佛之法，至為奇妙。今略述其方法如下，修淨業者，幸試用之；並希以是廣為傳播焉。

凡座鐘掛鐘行動之時，若細聽之，作丁當丁當之響（丁字響重，當字響輕）。即依此丁當丁當四字，設想阿彌陀佛四字。或念六字佛者，以第一丁字為「南無」，第一當字為「阿彌」，第二丁字為「陀」，第二當字為「佛」。亦止用丁當丁當四字而成之也。又倘以其轉太速，而欲遲緩者，可加一倍，用丁當丁當丁當丁當八字，假想作阿彌陀佛四字，即是每一丁當當一字也。或念六字佛者，以第一丁當為「南無」，第二丁當為「阿彌」，第三丁當為「陀」，第四丁當為「佛」也。繪圖如左：

	四字佛	六字佛
普通念法	阿－丁 彌－當 陀－丁 佛－當	南無－丁 阿彌－當 陀－丁 佛－當
遲緩念法	阿－丁當 彌－丁當 陀－丁當 佛－丁當	南－丁 無－當 阿－丁 彌－當 陀－丁當 佛－丁當

所用之鐘，宜擇丁當丁當速度調勻者用之。又欲其音響輕微者，可以布類覆於其上。（如晝間欲其響大者，將布撤去。夜間欲其音響輕者，將布覆上。）

初學念佛者若不持念珠記數，最易懈怠間斷。若以此鐘時常隨身，倘有間斷，一聞鐘響，即可警覺也。又在家念佛者，居家附近，不免喧鬧，若攝心念佛，殊為不易。今以此鐘置於身旁，用耳專聽鐘響，其他喧鬧之聲，自可不至擾亂其耳也。又聽鐘工夫能純熟者，則丁當丁當之響，即是阿彌陀佛之聲。鐘響佛聲，無二無別。鐘響則佛聲常現矣。

普陀印光法師〈覆永嘉論月律師函〉云：凡夫之心，不能無依，而娑婆耳根最利。聽自念佛之音亦親切。但初機未熟，久或昏沉，或聽鐘念之，最為有益也。

（註：此文原載《世界居士林刊》第十七期，題上有「論月大師」四字。「論月」即老人別署。老人盛倡此法，而閱者不多，僅錄於此。）

《弘一大師全集》著述類，一九四七年

普勸淨宗道侶兼持誦《地藏經》

予來永春，迄今一年有半。在去夏時，王夢惺居士來信，為言擬偕林子堅居士等將來普濟寺，請予講經。斯時予曾復一函，俟秋涼後即入城講《金剛經》大意三日。及秋七月，予以掩關習禪，乃不果往。日昨夢惺居士及諸仁者入山相訪，因雨小住寺院，今日適逢地藏菩聖誕，故乘此勝緣，為講淨宗道侶兼持誦〈地藏經要旨〉，以資紀念。

淨宗道侶修持之法，固以淨土三經為主。三經之外，似宜兼誦《地藏經》以為助行。因地藏菩薩與此土眾生有大因緣。而《地藏本願經》，尤與吾等常人之根器根契合。故今普勸淨宗道侶應兼持誦《地藏菩薩本願經》。謹述旨趣如下，以備淨宗道侶採擇焉。

一、淨土之於地藏，自昔以來，因緣最深。而我八祖蓮池大師撰〈地藏本願經序〉，勸讚流通。逮我九祖蕅益大師，一生奉事地藏菩薩，讚歎弘揚益力。居九華山甚久，自稱為「地藏之孤臣」。併盡形勤禮《地藏懺儀》，常持地藏真言，以懺除業障，求生極樂。又當代淨土宗泰斗印光法師於《地藏本願經》尤盡力弘傳流布，刊印數萬冊，今淨業學者至心讀誦，依教行持。今者竊遵淨宗諸祖之成規，普勸同仁兼修併習。勝緣集合，蓋非偶然。

二、地藏法門以三經為主。三經者，《地藏菩薩本願經》、《地藏菩薩十輪經》、《地藏菩薩占察善惡業報經》。《本願經》中雖未顯說往生淨土之義，然其他二經則皆有之。《十輪經》云，「當生淨佛國，導師之所居。」《占察經》云：「若人欲生他方現在淨國者，應當隨彼世界佛之名字，專意誦念，一心不亂，如上觀察者，決定得生彼佛淨國。」所以我蓮宗九祖蕅益大師，禮地藏菩薩《占察懺》時，發願文云，「捨身他世，生在佛前，面奉彌陀，歷事諸佛，親蒙授記，迴入塵勞，普會群迷，同歸祕藏。」由是以觀，地藏法門實與淨宗關係甚深，豈唯殊途同歸，抑亦發趣一致。

三、《觀無量壽佛經》以修三福為淨業正因。三福之音，曰孝養父母。而《地藏本願經》中，備陳地藏菩薩宿世孝母之因緣。故古德稱《地藏經》為「佛門之孝經」，良有以也。凡我同仁，常應讀誦《地藏本願經》，以副觀經孝養之旨。並依教力行，特崇孝道，以報親恩而修勝福。

四、當代印光法師教人持佛名號求生西方者，必先勸信因果報應，諸惡莫作，眾善奉行。然後乃云「仗佛慈力，帶業往生」。而《地藏本願經》中，廣明因果報應，至為詳盡。凡我同仁，常應讀誦《地藏本願經》，依教奉行，以資淨業。倘未能深信因果報應，不在倫常道德上切實注意。則豈僅生西未能，抑亦三塗有分。今者竊本斯意，普勸修淨業者，必須深信因果，常檢點平時所作所為之事。真誠懺悔，努力改過。復進而修持五戒十善等，以為念佛之助行，而作生西之資糧。

五、吾人修淨業者，倘能於現在環境之苦樂順逆一切放下，無所罣礙，依苦境而消除身見，以逆緣而堅固淨願，則誠甚善。但如是者，千萬人中罕有一二。因吾人處於凡夫地位，雖知隨分隨力修習淨業，而於身心世界猶未能徹底看破，衣食住行不能不有所需求，水火刀兵飢饉等天災人禍亦不能不有所顧慮。倘生活困難，災患頻起；即於修行作大障礙也。今若能歸信地藏菩薩者，則無此慮。依《地藏經》中所載，能令吾人衣食豐足，疾疫不臨，家宅永安，所求遂意，壽命增加，虛耗辟除，出入神護，離諸災難等。古德云身安而後道隆。即是之謂。此為普勸修淨業者，應歸信地藏之旨也。

以上略述持誦《地藏經》之旨趣。義雖未能詳盡，亦可窺其梗概。唯冀淨宗道侶，廣為傳布於《地藏經》至心持誦，共獲勝益焉。

一九四〇年（庚辰）地藏誕日在永春講 王夢醒記

為性常法師掩關筆示法則

古人掩關皆為專修禪定或念佛，若研究三藏則不限定掩關也。仁者此次掩關，實為難得之機會。應於每日時間，以三分之二專念佛誦經（或默閱但不可生分別心），以三分之一時間溫習戒本羯磨及習世間文字。因機會難可再得，不於此時專心念佛，以後恐無此勝緣。至於研究等事，在掩關時雖無甚成績，將來出關後，儘可緩緩研究也。念佛一事，萬不可看得容易，平日學教之人，若令息心念佛，實第一困難之事，但亦不得不勉強而行也。此事至要至要，萬不可輕忽。誦經之事可以如常。又每日須拜佛若干拜，既有功德，亦可運動身體也。念佛時亦宜數數經行，因關中運動太少，食物宜消化，故宜禮拜經行也，念佛之事，一人甚難行，宜與義俊法師協定課程，二人同時行之，可以互相策勵，不致懈怠中止也。

課程大致如下：

早粥前念佛，出聲或默念隨意。

早粥後稍休息。禮佛誦經。九時至十一時研究。午飯後休息二時至四時研究。

（研究時間每日以四小時為限不可多）。四時半起禮佛誦經。黃昏後專念佛。

晚間可以不點燈，唯佛前供琉璃燈可耳。

三年之中，可與義俊法師講《戒本》及《表記》、《羯磨》六遍。每半年講一遍。自己既能溫習，亦能令他人得益。昔南山律祖尚聽十二遍未嘗厭倦，何況吾等鈍根之人耶？戒本羯磨能十分明了，且記憶不忘，將來出關之後，再學《行事鈔》等非難事矣。世俗文字略學四書及歷史等。學生字典宜學全部，但若鮮暇，不妨缺略，因此等事，出關之後仍可學習也。若念佛等，出關之後恐難繼續，唯在關中能專心也。又在閉關時宜注意者如下：

不可閒談　不晤客人　不通信（有十分要事，寫一紙條交與護關者）。

凡一切事，儘可俟出關後再料理也，時機難得，光陰可貴，念之！念之！

余既無道德，又乏學問，今見仁者以誠懇之意，諄諄請求，故略據拙見拉雜書此，以備採擇。

乙亥四月一日　演音書

性常關主慧詧

一九三五年（乙亥）四月一日演音書印、一九三五年五月三日作于泉州開元寺

藥師如來法門略錄

藥師如來依據《藥師經》而建立。此土所譯《藥師經》有四種：

一、《佛說灌頂拔除過罪生死得脫經》一卷，即《大灌頂神咒經》卷十二，東晉帛尸梨蜜多羅譯。又相傳有劉宋慧簡譯《藥師琉璃光經》一卷今已佚失，或云即是東晉所譯之《灌頂經》。

二、《佛說藥師如來本願經》一卷，隋達摩笈多譯。

三、《藥師琉璃光如來本願功德經》一卷，唐玄奘譯。此即現今流通本所據之譯本。現今流通本與原譯本稍有不同者有增文兩段，一為依東晉譯本補入之八大菩薩名，二為依唐義淨譯本補入神咒及前後文二十餘行。

四、《藥師璃光七佛本願功德經》二卷，唐義淨譯。前數譯唯述藥師佛此譯復增六佛故云《七佛本願功德經》，以外增加之文甚多。西藏僧眾所讀誦者為此本。

修持之法具如經文所載，今且舉四種如下：

一、持名，經中屢云聞名持名因其法最為簡易其所獲之益亦最為廣大也。今人持名者皆曰消災延壽藥師佛似未盡善，佛名唯舉藥師二字未能具足。佛德唯舉消災延壽四字亦多所缺略，故須依據經文而曰藥師琉璃光如來斯為最妥善矣。

二、供養，如香華旛燈等。

三、誦經，及演說開示書寫等。

四、持咒。

所獲利益廣如經文所載，今且舉十種如下：

一、速得成佛，經中屢言之。

二、行邪道者令入正道，行小乘者令入大乘。

三、能得種種戒，又犯戒者還得清淨不墮惡趣。

四、得長壽富饒官位男女等。

五、得無盡，所受用物無所乏少。

六、一切痛苦皆除，水火刀兵盜賊刑戮諸災難等悉免。

七、轉女成男。

八、產時無苦，生子聰明少病。

九、命終後隨其所願往生：

（一）人中，得大富貴。
（二）天上，不復更生諸惡趣。
（三）西方極樂世界，有八大菩薩接引。
（四）東方淨琉璃世界。
十、在惡趣中暫聞佛名，即生人道修諸善行，速證菩提。

靈感事蹟甚多如舊錄所載，今且舉近事一則如下：
泉州承天寺覺圓法師，於未出家時體弱多病，既出家二年之內病苦纏綿諸事不順。後得聞藥師如來法門，遂專心誦經持名懺悔，精勤不懈，迄至於今，身體康健，諸事順利。法師近擬編輯藥師聖典彙集，凡經文疏釋及儀軌等，悉蒐集之，刊版流布，以報佛恩焉。

跋

曩余在清塵堂講藥師如來法門，後由諸善友印施講錄，其時經他人輾轉鈔寫，頗有訛誤。茲由覺圓法師捐資再版印行，請余校正原稿，廣為流布。法師出家以來，於藥師法門最為信仰，近擬於泉州興建大藥師寺，其願力廣大，尤足令人讚歎云。

沙門一音

《佛學半月刊》第一七五期，一九三九年二月十六日

藥師法門修持課儀略錄

藥師如來法門大略，如大藥師寺已印行之藥師如來法門略錄所載。

今所述者，為吾人平常修持簡單之課儀。若正式供養法，乃至以五色縷結藥神將名字法等。將來擬別輯一卷專載其事，今不述及。

欲修持藥師如來法門者，應供藥師如來像。上海佛學書局有五印彩色之像，可以供奉，宜裝入玻璃鏡中。供像之處，不可在臥室，若不得已，在臥室中供奉者睡眠之時，宜以淨布覆蓋像上。

《藥師經》供於几上，不讀誦時，宜以淨布覆蓋。

供佛像之室內，宜十分整潔，每日宜掃地，並常常拂拭几案。

供佛之香，須擇上等有香氣者。

供佛之花，須擇開放圓滿者。若稍殘萎，即除去。花瓶之水，宜每日更換。若無鮮花時，可用紙製者代之。

此外如供淨水供食物等，隨各人意。但所供食物，須人可食者乃供之，若未熟之水果及未烹調之蔬菜等皆不可供。

以上所舉之供物，應於禮佛之前預先供好。凡在佛前供物或禮佛時，必須先洗手漱口。

此外如能懸旛燃燈尤善，無者亦可。

以下略述修持課儀，分為七門。其中禮敬讚歎供養回向發願，必須行之。誦經持名持咒，可隨己意，或唯修二法，或僅修一法，皆可。

一、禮敬

十方三寶一拜，或分禮佛法僧三拜。本師釋迦牟尼佛一拜。藥師琉璃光如來三拜。此外若欲多拜，或兼禮敬其他佛菩薩者，隨己意增加。

禮敬之時，須至誠恭敬，緩緩拜起，萬不可匆忙。寧可少拜，不可草率。

二、讚歎

禮敬既畢，於佛前長跪合掌，唱讚偈云：

歸命滿月界　淨妙琉璃尊

法藥救人天　因中十二願

慈悲弘誓廣　願度諸含生

我今申讚揚　志心頭面禮

右讚偈出藥師如來消災除難念誦儀軌。唱讚之時，聲宜遲緩，宜莊重。

三、供養

讚歎既畢，於佛前長跪合掌，唱供養偈云：

願此香花雲　遍滿十方界
一一諸佛土　無量香莊嚴
具足菩薩道　成就如來香

供養畢，或隨己意增誦懺悔文，或可略之。

四、誦經

字音不可訛誤，宜詳考之。

誦經時，或跪或立或坐或經行皆可。

五、持名

先唱讚偈云：

藥師如來琉璃光　燄網莊嚴無等倫
無邊行願利有情　各遂所求皆不退

續云，南無東方淨琉璃世界藥師琉璃光如來。以後即持念藥師琉璃光如來名號一百八遍。若欲多念者，隨意。

六、持咒

或據經中譯音持念，或別依師學梵文原音持念，皆可。

或念全咒一百八遍。或先念全咒七遍，繼念心咒一百八遍，後復念全咒七遍。心咒者，即是咒中唵字以下之文。

未經密宗阿闍黎傳授，不可結手印。擅結者，有大罪。

持咒時，不宜大聲，唯令自已耳中得聞。

持咒時，以坐為正式，或經行亦可。

七、回向發願

回向與發願不同，故今併舉。其稍異者，回向須先修功德，再以此功德回向，唯願如何云云。若先未修功德者，僅可云發願也。

回答發願，為修持者最切要之事。若不回向，則前所修之功德，無所歸趣。今修持藥師如來法門者，回答之願，各隨己意。凡《藥師經》中所載者，皆可發之，應詳閱經文，自適其宜可耳。

以上所述之修持課儀，每日行一次或二次三次。必須至心誠懇，未可潦草塞責。印光老法師云：有一分恭敬，得一分利益，有十分恭敬，得十分利益。吾人修持藥師如來法門者，應深味斯言，以自求多福也。

《佛學半月刊》第一八九期，一九三九年九月十六日

藥師如來法門一斑

今天所講，就是深契時機的藥師如來法門。我近年來，與人談及藥師法門時，所偏注重的有幾樣意思，今且舉出，略說一下。

藥師法門甚為廣大，今所舉出的幾樣，殊不足以包括藥師法門的全體，亦只說是法門之一斑了。

維持世法

佛法本以出世間為歸趣，其意義高深，常人每難了解。若藥師法門，不但對於出世間往生成佛的道理屢屢言及，就是最淺近的現代實際上人類生活亦特別注重。如經中所說：「消災除難，離苦得樂，福壽康寧，所求如意，不相侵陵，互為饒益」等，皆屬於此類。就此可見佛法亦能資助家庭社會的生活，與維持國家世界的安寧，使人類在這現生之中即可得到佛法的利益。

或有人謂佛法是消極的，厭世的，無益於人類生活的。聞以上所說藥師法門亦能維持世法，當不至對於佛法再生種種誤解了。

輔助戒律

佛法之中，是以戒為根本的，所以佛經說：「若無淨戒，諸善功德不生。」但是受戒容易，得戒為難，持戒不犯更為難。今若能依照藥師法門去修持力行，就可以得到上品圓滿的戒。假使於所受之戒有毀犯時，但能至心誠懇持念藥師佛號並禮敬供養者，即可消除犯戒的罪，還得清淨，不至再墮落在三惡道中。

決定生西

佛教的宗派非常之繁，其中以淨土宗最為興盛。現今出家人或在家修持此宗，求生西方極樂世界者甚多。但修淨土宗者，若再能兼修藥師法門，亦有資助決定生西的利益。依《藥師經》說：「若有眾生能受持八關齋戒，又能聽見藥師佛名，於其臨命終時，有八位大菩薩來接引往西方極樂世界眾寶蓮花之中。」依此看來，藥師雖是東方的佛，而也可以資助往生西方，能使吾人獲得決定往生西方的利益。

再者，吾人修淨土宗的，倘能於現在環境的若樂順逆一切放下，無所罣礙，則固至善。但是切實能夠如此的，千萬人中也難得一二。因為我們是處於凡夫的地位，在這塵世之時，對於身體衣食住處等，以及水火刀兵的天災人禍，在在都不能不有所顧慮，倘使身體多病，衣食住處等困難，又或常常遇著天災人禍的危難，皆足為用功辦道的障礙。若欲免除此等障礙，必須兼修藥師法門以為之資助，即可得到《藥師經》中所說「消災除難離苦得樂」等種種利益也。

速得成佛

《藥師經》決非專說世間法的。因藥師法門，唯是一乘速得成佛的法門。所以經中屢云速證無上正等菩提，速得圓滿」等。

若欲成佛，其主要的原因即是「悲智」兩種願心。《藥師經》云：「應生無垢濁心，無怒害心，於一切有情起利益安樂慈悲喜捨平等之心，」就是這個意思。前兩句從反面轉說，「無垢濁心」就是智心，「無怒害心」就是悲心。下一句正說，「捨」及「平等之心」就是智心，餘屬悲心。悲智為因，菩提為果，乃是佛法之通途。凡修持藥師法門者，對於以上幾句經文，尤宜特別注意，盡力奉行。

假使不如此，僅僅注意在資養現實人生的事，則唯獲人天福報，與夫出世間之佛法了無關係。若是受戒，也不能得上品圓滿的戒。若是生西，也不能往生上品。

所以我們修持藥師法門的，應該把以上幾句經文特別注意，依此發起「悲智」的弘願。假使如此，則能以出世的精神來做世間的事業，也能得上品圓滿的戒，也能往生上品，將來速得成佛可無容疑了。

藥師法門甚為廣大，上所述者，不過是我常對人講的幾樣意思。將來暇時，尚擬依據全部經義，編輯較完善的藥師法門著作，以備諸君參考。

最後，再就持念藥師佛法的方法，略述一下。念佛名時，應依經文，念曰「南無藥師琉璃光如來」，不可念消災延壽藥師佛。

《覺有情半月刊》第十八期，一九四〇年六月十六日

法義

人生之最後

歲次壬申十二月，廈門妙釋寺念佛會請余講演，錄寫此稿。於時了識律師臥病不起，日夜愁苦。見此講稿，悲欣交集，遂放下身心，屏棄醫藥，努力念佛。並扶病起，禮大悲懺，吭聲唱誦，長跽經時，勇猛精進，超勝常人。見者聞者，靡不為之驚喜讚歎，謂感動之力有如是劇且大耶。余因念此稿雖僅數紙，而皆撮錄古今嘉言及自所經驗，樂簡略者或有所取。乃為治定，付刊流布焉。弘一演音記

第一章　緒言

古詩云：「我見他人死，我心熱如火，不是熱他人，看看輪到我。」人生最後一段大事，豈可須臾忘耶！今為講述，次分六章，如下所列。

第二章　病重時

當病重時，將一切家事及自己身體悉皆放下。專意念佛，一心希冀往生西方。能如是者，如壽已盡，決定往生。如壽未盡，雖求往生而病反能速癒，因心至專誠，故能滅除宿世惡業也。儻不如是放下一切專意念佛者，如壽已盡，決定不能往生，因自己專求病癒不求往生，無由往生故。如壽未盡，因其一心希望病癒，妄生憂怖，不唯不能速癒，反更增加病苦耳。

病未重時，亦可服藥，但仍須精進念佛，勿作服藥癒病之想。病既重時，可以不服藥也。余昔臥病石室；有勸延醫服藥者，說偈謝云：「阿彌陀佛，無上醫王，捨此不求，是謂癡狂。一句彌陀，阿伽陀藥，捨此不服，是謂大錯。」因平日既信淨土法門，諄諄為人講說。今自患病，何反捨此而求醫藥，可不謂為癡狂大錯耶！

若病重時，痛苦甚劇者，切勿驚惶！因此病苦，乃宿世業障。或亦是轉未來三途惡道之苦，於今生輕受，以速了償也。

自己所有衣服諸物，宜於病重之時，即施他人。若依《地藏菩薩本願經》，如來讚歎品所言供養經像等，則彌善矣。

若病重時，神識猶清，應請善知識為之說法，盡力安慰。舉病者今生所修善業，一一詳言而讚歎之，令病者心生歡喜，無有疑慮。自知命終之後，承斯善業，決定生西。

第三章　臨終時

臨終之際，切勿詢問遺囑，亦勿閒談雜話。恐彼牽動愛情，貪戀世間，有礙往生耳。若欲留遺囑，應於康健時書寫，付人保藏。

儻自言欲沐浴更衣者，則可順其所欲而試為之。若言不欲，或噤口不能言者，皆不須強為。因常人命終之前，身體不免痛苦。儻強為移動沐浴更衣，則痛苦將更加劇。世有發願生西之人，臨終為眷屬等移動擾亂，破壞其正念，遂致不能往生者，甚多甚多。又有臨終可生善道，乃為他人誤觸，遂起瞋心，而牽入惡道者，如經所載阿耆達王死墮蛇身，豈不可畏。

臨終時，或坐或臥，皆隨其意，未宜勉強。若自覺氣力衰弱者，儘可臥牀，勿求好看勉力坐起。臥時，本應面西右脅側臥，若因身體痛苦，改為仰臥，或面東左脅側臥者，亦任其自然，不可強制。

大眾助念佛時，應請阿彌佛陀接引像，供於病人臥室，令彼矚視。

助念之人，多少不拘。人多者，宜輪班念，相續不斷。或念六字，或念四字，或快或慢，皆須預問病人，隨其平日習慣及好樂者念之，病人乃能相隨默念。今見助念者皆隨己意，不問病人，既已違其平日習慣及好樂，何能相隨默念。余願自今以後，凡任助念者，於此一事切宜留意。

又尋常助念者，皆用引磬小木魚。以余經驗言之，神經衰弱者，病時甚畏引磬及小木魚聲，因其聲尖銳，刺激神經，反令心神不寧。若依余意，應免除引磬小木魚，僅用音聲助念，最為妥當。或改為大鐘大磬大木魚，其聲宏壯，聞者能起肅敬之念，實勝於引磬小木魚也。但人之所好，各有不同。此事必須預見向病人詳細問明，隨其所好而試行之。或有未宜，儘可隨時改變，萬勿固執。

第四章　命終後一日

既已命終，最切要者，不可急忙移動。雖身染便穢，亦勿即為洗滌。必須經過八小時後，乃能浴身更衣，常人皆不注意此事，而最要緊。唯望廣勸同人，依此謹慎行之。

命終前後，家人萬不可哭。哭有何益，能盡力幫助念佛乃於亡者有實益耳。若必欲哭者，須俟命終八小時後。

頂門溫煖之說，雖有所據，然亦不可固執。但能平日信願真切，臨終正念分明者，即可證其往生。

命終之後，念佛已畢，即鎖房門。深防他人入內，誤觸亡者。必須經過八小時後，乃能浴身更衣。（前文已言，今再諄囑，切記切記。）因八小時內若移動者，亡人雖不能言，亦覺痛苦。

八小時後著衣，若手足關節硬，不能轉動者，應以熱水淋洗。用布攪熱水，圍於臂肘膝彎。不久即可活動，有如生人。

斂衣宜用舊物，不可新者。其新衣應布施他人，能令亡者獲福。

不宜用好棺木，亦不宜做大墳。此等奢侈事，皆不利於亡人。

第五章　薦亡等事

七七日內，欲延僧眾薦亡，以念佛為主。若誦經拜懺焰口水陸等事，雖有不可思議功德，然現今僧眾視為具文，敷衍了事，不能如法罕有實益。《印光法師文鈔》中屢斥誡之，謂其唯屬場面，徒作虛套。若專念佛，則人人能念，最為切實，能獲莫大之利矣。

如請僧眾念佛時，家族亦應隨念。但女眾宜在自室或布帳之內，免生譏議。

凡念佛等一切功德，皆宜回向普及法界眾生，則其功德乃能廣大，而亡者所獲利益亦更因之增長。

開弔時，宜用素齋，萬勿用葷，致殺害生命，大不利於亡人。

出喪儀文，切勿鋪張。毋圖生者好看，應為亡者惜福也。

七七以後，亦應常行追薦以盡孝思。蓮池大師謂年中常須追薦先亡。不得謂已解脫，遂不舉行耳。

第六章　勸請發起臨終助念會

此事最為切要。應於城鄉各地，多多設立。《飭終律梁》中有詳細章程，宜檢閱之。

第七章　結語

殘年將盡，不久即是臘月三十日，為一年最後。若未將錢財預備穩妥，則債主紛來，如何抵擋。吾人臨命終時，乃是一生之臘月三十日，為人生最後。若未將往生資糧預備穩妥，必致手忙腳亂呼爺叫娘，多生惡業一齊現前，如何擺脫。臨終雖恃他人助念，諸事如法。但自己亦須平日修持，乃可臨終自在。奉勸諸仁者，總要及早預備才好。

《佛學半月刊》第九十八期，一九三五年二月十六日

佛法十疑略釋

欲挽救今日之世道人心，人皆知推崇佛法。但對於佛法而疑問，亦復不少。故學習佛法者，必先解釋此種疑問，然後乃能著手學習。

以下所舉十疑及解釋，大半採取近人之說而敘述之，非是講者之創論。所疑固不限此，今且舉此十端耳。

一、佛法非迷信

近來知識份子，批評佛法謂之迷信。

我輩詳觀各地寺廟，確有特別之習慣及通俗之儀式，又將神仙鬼怪等混入佛法之內，謂是佛法正宗。既有如此奇異之現相，也難怪他人謂佛法是迷信。

但佛法本來面目則不如此，決無崇拜神仙鬼怪等事。其儀式莊嚴，規矩整齊，實超出他種宗教之上。又佛法能破除世間一切迷信而與以正信，豈有佛法即是迷信之理。

故知他人謂佛法為迷信者，實由誤會。儻能詳察，自不至有此批評。

二、佛法非宗教

或有人疑佛法為一種宗教。此說不然。

佛法與宗教不同，近人著作中常言之，茲不詳述。應知佛法實在宗教範之內也。

三、佛法非哲學

或有人疑佛法為一種哲學。此說不然。

哲學之要求，在求真理，以其理智所推測而得之某種條件即謂真理。其結果，有一元、二元、唯心唯物種種之說。甲以為在此，又以為理在彼，紛紜擾攘，相非相謗。但彼等無論如何盡力推測，總不出於錯覺一途。譬如盲人摸象，其生平未見象之形狀，因其所摸得象之一部分，即謂是為象之全體。故或摸其尾便謂象如繩，或摸其背便謂象如牀，或摸其胸便謂象如地。雖因所摸處不同而感覺互異，總而言之，皆是迷惑顛倒之見而已。

若佛法則不然。譬如明眼人能親見全象，十分清楚，與前所謂盲人摸象者迥然不同。因佛法須證「真如」，了無所疑，絕不同哲學家之虛妄測度也。

何謂「真如」之意義？真真實實，平等一如，無妄情，無偏執，離於意想分別，即是哲學家所欲了知之宇宙萬有之真象及本體也。夫哲學家欲發明宇宙萬有之真相及本體，其志誠為可嘉。第太無分法，致罔廢心力而終不能達到耳。

以上所說之佛法非宗教及哲學，僅略舉其大概。若欲詳知者，有南京支那內學院出版之《佛法非宗教及哲學》一卷，可自詳研，即能洞明其奧義也。

四、佛法非違背科學

常人以為佛法重玄想，科學重實驗，遂謂佛法違背於科學。此說不然。

近代科學家持實驗主義者，有兩種意義。

（一）是根據眼前之經驗，彼知何即還彼如何，毫不加以玄想。

（二）是防經驗不足恃，即用人力改進，以補通常經驗之不足。

佛家之態度亦爾，彼之「戒」「定」「慧」三無漏學，皆是改進通常之經驗。但科學之改進經驗重在客觀之物件，佛法之改進經驗重在主觀之心識。如人患目病，不良於視，科學只知多方移置其物以求一辨，佛法則努力醫治其眼以求復明。兩者雖同為實驗，但在治標治本上有不同耳。

關於佛法與科學之比較，若欲詳知者，乞閱上海開明書店代售之佛法與科學之比較研究。

著者王小徐，曾留學英國，在理工專科上迭有發見，為世界學者所推重。近以其研究理工之方法，創立新理論解釋佛學，因著此書也。

五、佛法非厭世

常人見學佛法者，多居住山林之中，與世人罕有往來，遂疑佛法為消極的，厭世的。此說不然。

學佛法者，固不應迷戀塵世以貪求榮華富貴，但亦決非是冷淡之厭世者。因學佛法之人皆須發「大菩提心」，以一般人之苦樂為苦樂，抱熱心救世之弘願。不唯非消極，乃是積極中之積極者。雖居住山林中，亦非貪享山林之清福，乃是勤修「戒」「定」「慧」三學以預備將來出山救世之資具耳。與世俗青年學子在學校讀書為將來任事之準備者，甚相似。

由是可知謂佛法為消極厭世者，實屬誤會。

六、佛法非不宜於國家之興盛

近來愛國之青年，信仰佛法者少。彼等謂佛法傳自印度，而印度因此衰亡，遂疑佛法與愛國之行動相妨礙。此說不然。

佛法實能輔助國家，令其興盛，未嘗與愛國之行動相妨礙。印度古代有最信仰佛法之國王，如阿育王、戒日王等，以信佛故，而統一興盛其國家。其後婆羅門等舊教復興，佛法漸無勢力，而印度國家乃隨之衰亡，其明證也。

七、佛法非能滅種

常人見僧尼不婚不嫁，疑人人皆信佛法必致滅種。此說不然。信佛法而出家者，乃為僧尼，此實極少之數。以外大多數之在家信佛者，仍可婚嫁如常。佛法中之僧尼，與他教之牧師相似，非是信徒皆應為牧師也。

八、佛法非廢慈善事業

常人見僧尼唯知弘揚佛法，而於建立大規模之學校、醫院、善堂等利益社會之事未能努力，遂疑學佛法者廢棄慈善事業。此說不然。

依佛經所載，布施有二種，一曰財施，二曰法施。出家之佛徒，以法施為主，故應多致力於弘揚佛法，而以餘力提倡他種慈善事業。若在家之佛徒，則財施與法施並重，故在家居士多努力作種種慈善事業，近年以來各地所發起建立之佛教學校、慈兒院、醫院、善堂、修橋、造涼亭乃至施米、施衣、施錢、施棺等事，皆時有所聞，但不如他教仗外國慈善家之財力所經營者規模闊大耳。

九、佛法非是分利

近今經濟學者，謂人人能生利，則人類生活發達，乃可共享幸福。因專注重於生利。遂疑信仰佛法者，唯是分利而不生利，殊有害於人類，此說亦不免誤會。

若在家人信仰佛法者，不礙於職業，士農工商皆可為之。此理易明，可毋庸議。若出家之僧尼，常人觀之，似為極端分利而不生利之寄生蟲。但僧尼亦何嘗無事業，僧尼之事業即是弘法利生。儻能教化世人，增上道德，其間接直接有真實大利益於人群者正無量矣。

十、佛法非說空以滅人世

常人因佛經中說「五蘊皆空」、「無常苦空」等，因疑佛法只一味說空，若信佛法者多，將來人世必因之而消滅。此說不然。

大乘佛法，皆說空及不空兩方面。雖有專說空時，其實亦含有不空之義。故須兼說空與不空兩方面，其義乃為完足。

何謂空及不空。空者是無我，不空者是救世之事業。雖知無我，而能努力作救世之事業，故空而不空。雖努力作救世之事業，而絕不執著有我，故不空而空，如是真實了解，乃能以無我之偉大精神，而作種種之事業無有障礙也。

又若能解此義，即知常人執著我相而作種種救世事業者，其能力薄，範圍小，時間促，不徹底。若欲能力強，範圍大，時間久，最徹底者，必須於佛法之空義十分了解，如是所作救世事業乃能圓滿成就也。

故知所謂空者，即是於常人所執著之我見打破消滅，一掃而空。然後以無我之精神，努力切實作種種事業。亦猶世間行事，先將不良之習慣等一一推翻，然後良好之建設乃能實現。

信能如此，若云犧牲，必定真能犧牲；若云救世，必定真能救世。由是堅堅實實，勇猛精進而作去，乃可謂偉大，乃可謂徹底。

所以真正之佛法，先須向空上立腳，而再向不空上作去。豈是一味說空而消滅人世耶！

以上所說之十疑及釋義，多是採取近人之說而敘述其大意。諸君聞此，應可免除種種之誤會。

若佛法中之真義，至為繁廣，今未能詳說。唯冀諸君從此以後，發心研究佛法，請購佛書，隨時閱覽，久之自可洞明其義。是為余所厚望焉。

一九三八年（戊寅）十月六日在晉江安海金墩宗祠講

佛法宗派大概

關於佛法之種種疑問，前已略加解釋。諸君既無所疑惑，思欲著手學習，必須先了解佛法之各種宗派乃可。

原來佛法之目的，是求覺悟本無種種差別。但欲求達到覺悟之日的地以前，必有許多途徑。而在此途徑上，自不妨有種種宗派之不同也。

佛法在印度古代時，小乘有各種部執，大乘雖亦分「空」「有」二派，但未別立許多門戶。吾國自東漢以後，除將印度所傳來之佛法精神完全承受外，並加以融化光大，於中華民族文化之偉大悠遠基礎上，更開展中國佛法之許多特色。至隋唐時，便漸成就大小乘各宗分立之勢。今且舉十宗而略述之。

一、律宗 又名南山宗

唐終南山道宣律師所立。依《法華》、《涅槃》經義，而釋通小乘律，立圓宗戒體。正屬出家人所學，亦明在家五戒、八戒義。

唐時盛，南宋後衰，今漸興。

二、俱舍宗

依《俱舍論》而立。分別小乘名相甚精，為小乘之相宗。欲學大乘法相宗者固應先學此論，即學他宗者亦應以此為根柢，不可以其為小乘而輕忽之也。

陳隋唐時盛弘，後衰。

三、成實宗

依《成實論》而立。為小乘之空宗，微似大乘。

六朝時盛，後衰，唐以後殆罕有學者。

以上二宗，即依二部論典而形成，並由印度傳至中土。雖號稱宗，然實不過二部論典之傳持授受而已。

以上二宗屬小乘，以下七宗皆是大乘，律宗則介於大小之間。

四、三論宗 又名性宗，又名空宗

三論者，即《中論》、《百論》、《十二門論》，是三部論皆依《般若經》而造。姚秦時，龜茲國鳩摩羅什三藏法師來此土弘傳。

唐初猶盛，以後衰。

五、法相宗 又名慈恩宗，又名有宗

此宗所依之經論，為《解深密經》、《瑜伽師地論》等。唐玄奘法師盛弘此宗。又糅合印度十大論師所著之《唯識三十頌之解釋》而編纂《成唯識論》十卷，為此宗著名之典籍。此宗最要，無論學何宗者皆應先學此以為根柢也。

唐中葉後衰微，近復興，學者甚盛。

以上二宗，印度古代有之，即所謂「空」、「有」二派也。

六、天台宗 又名法華宗

六朝時此土所立，以《法華經》為正依。至隋智者大師時極盛。其教義較前二宗為玄妙。

隋唐時盛，至今不衰。

七、華嚴宗又名賢首宗

唐初此土所立，以《華嚴經》為依。至唐賢首國師時而盛，至清涼國師時而大備。此宗最為廣，在一切經法中稱為教海。

宋以後衰，今殆罕有學者，至可惜也。

八、禪宗

梁武帝時，由印度達摩尊傳至此土。斯宗雖不立文字，直明實相之理體。而有時卻假用文字上之教化方便，以弘教法。如《金剛》、《楞嚴》二經，即是此宗常所依用者也。

唐宋時甚盛，今衰。

九、密宗又名真言宗

唐玄宗時，由印度善無畏三藏、金剛智三藏先後傳入此土。斯宗以《大目經》、《金剛頂經》、《蘇悉地經》三部為正所依。

元後即衰，近年再興，甚盛。

在大乘各宗中，此宗之教法最為高深，修持最為真切。常人未嘗窮研，輒輕肆毀謗，至堪痛歎。余於十數年前，唯閱《密宗儀軌》，亦嘗輕致疑議。以後閱《大日經疏》，乃知密宗教義之高深，因痛自懺悔。願諸君不可先閱儀軌，應先習經教，則可無諸疑惑矣。

十、淨土宗

始於晉慧遠大師，依《無量壽經》、《觀無量壽佛經》、《阿彌陀經》而立。三根普被，甚為簡易，極契末法時機。明季時，此宗大盛。至於近世，尤為興盛，超出各宗之上。

以上略說十宗大概已竟。大半是摘取近人之說以敘述之。

就此十宗中，有小乘、大乘之別。而大乘之中，復有種種不同。吾人於此，萬不可固執成見，而妄生分別。因佛法本來平等無二，無有可說，即佛法之名稱亦不可得。於不可得之中而建立種種差別佛法者，乃是隨順世間眾生以方便建立。因眾生習染有淺深，覺悟有先後。而佛法亦依之有種種差別，以適應之。譬如世間患病者，其病症千差萬別，須有多種藥品以適應之，其價值亦低昂不等。不得僅尊其貴價者，而廢其他廉價者。所謂藥無貴賤，癒病者良。佛法亦爾，無論大小權實漸頓顯密，能契機者，即是無上妙法也。故法門雖多，吾人宜多擇其與自己根機相契合者而研習之，斯為善矣。

一九三八年（戊寅）十月六日在晉江安海金墩宗祠講

佛法學習初步

佛法宗派大概，前已略說。

或謂高深教義，難解難行，非利根上智不能承受。若我輩常人欲學習佛法者，未知有何法門，能使人人易解，人人易行，毫無困難，速獲實益耶？

案佛法寬廣，有淺有深。故古代諸師，皆判「教相」上區別之。位唐圭峰禪師所撰《華嚴原人論》中，判立五教：

一、人天教
二、小乘教
三、大乘法相教
四、大乘破相教
五、一乘顯性教

以此五教，分別淺深。若我輩常人易解易行者，唯有「人天教」也。其他四教義理高深，甚難了解。即能了解，亦難實行。故欲普及社會，又可補助世法，以挽救世道人心，應以「人天教」最為合宜也。

人天教由何而立耶?

常人醉生夢死,謂富貴貧賤吉凶禍福皆由命定,不解因果報應。或有解因果報應者,亦唯知今生之現報而已。若如是者,現生有惡人富而善人貧,惡人壽而善人夭,惡人多子而善人絕嗣,是何故歟?因是佛為此輩人,說三世業報,善惡因果,即是人天教也。今就三世業報及善惡因果分為二章詳述之。

三世業報

三世業報者,現報、生報、後報也。

一、現報　今生作善惡,今生受報。

二、生報　今生作善惡,次一生受報。

三、後報　今生作善惡,次二三生乃至未來多生受報。

由是而觀,則惡人富、善人貧等,絕不足怪。吾人唯應力行善業,即使今生不獲良好之果報,來生再來生等必能得之。萬勿因行善而反遇逆境,遂妄謂行善無有果報也。

善惡因果

善惡因果者，惡業、善業、不動業此三者是其因，果報有六，即六道也。

惡業善業，其數甚多，約而言之，各有十種，如下所述。不動業者，即修習上品十善，復能深修禪定也。

今以三因六果列表如下：

一 惡果	上品	地獄		六道
	中品	畜生		
	下品	鬼		
二 善業	下品	阿修羅		
	中品	人		
	上品	欲界天	天	
三 不動業	次品	色界天		
	上品	無色界天		

今復舉惡業、善業別述如下：

惡業有十種。

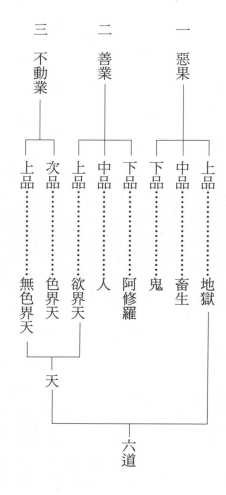

一、殺生
二、偷盜
三、邪淫
四、妄言
五、兩舌
六、惡口
七、綺語
八、慳貪
九、瞋恚
十、邪見

造惡業者，因其造業重輕而墮地獄、畜生、鬼道之中。受報既盡幸生人中，猶有餘報。今依《華嚴經》所載者，錄之如下。若諸「論」中，尚列外境多種，今不別錄。

一、殺生：短命　多病
二、偷盜：貧窮　其財不得自在
三、邪淫：妻不貞良　不得隨意眷屬
四、妄言：多被誹謗　為他所誑
五、兩舌：眷屬乖離　親族弊惡

六、惡口：常聞惡聲　言多諍訟
七、綺語：言無人受　語不明了
八、慳貪：心不知足　多欲無厭
九、瞋恚：常被他人求其長短　恆被於他之所惱害
十、邪見：生邪見家　其心諂曲

善業有十種。下列不殺生等，止惡即名為善。復依此而起十種行善，即救護生命等也。

一、不殺生　救護生命
二、不偷盜　給施資財
三、不邪淫　遵修梵行
四、不妄言　說誠實言
五、不兩舌　和合彼此
六、不惡口　善言安慰
七、不綺語　作利益語
八、不慳貪　常懷捨心
九、不瞋恚　恆生慈愍
十、不邪見　正信因果

造善業者，因其造業輕重而生於阿修羅人道欲界天中。所感之餘報，與上所列惡業之餘報

相反。如不殺生則長壽無病等類推可知。

由是觀之，吾人欲得諸事順遂，身心安樂之果報者，應先力修善業，以種善因。若唯一心求好果報，而絕不肯種少許善因，是為大誤。譬如農夫，欲得米穀，而不種田，人皆知其為愚也。

故吾人欲諸事順遂，身心安樂者，須努力培植善因。將來或遲或早，必得良好之果報。但人云，「禍福無不自己求之者」，即是此意也。

以上所說，乃人天教之大義。

唯修人天教者，雖較易行，然報限人天，非是出世。故古今諸大善知識，盡力提倡「淨土法門」，即前所說之〈佛法宗王大概〉中之「淨土宗」。今無論習何教者，皆兼學此「淨土法門」，即能獲得最大之利益。「淨土法門」雖隨宜判為「一乘圓教」，但深者見深，淺者見淺，即唯修人天教者亦可兼學，所謂「三根普被」也。

在此講學三日已竟。以此功德，唯願世界安寧，眾生歡樂，佛日增輝，法輪常轉。

一九三八年（戊寅）十月六日在晉江安海金墩宗祠講

佛法大意

我至貴地，可謂奇巧因緣。本擬住半月返廈。因變，住此，得與諸君相晤，甚可喜。先略說佛法大意。

佛法以大菩提心為主。菩提心者，即是利益眾生之心。故信佛法者，須常抱積極之大悲心，發救濟一切眾生之大願，努力作利益眾生之種種慈善事業。乃不愧為佛教徒之名稱。

若專修淨土法門者，尤應先發大菩提心。否則他人謂佛法是消極的、厭世的、送死的。若發此心者，自無此誤會。

至於作慈善事業，尤要。既為佛教徒，即應努力作利益社會之種種事業。乃能令他人了解佛教是救世的、積極的。不起誤會。

或疑經中常言空義，豈不與前說相反。

今案大菩提心，實具有悲智二義。悲者如前所說。智者不執著我相，故曰空也。即是以無我之偉大精神，而做種種利生事業。

若解此義，而知常人執著我相而利益眾生者，其能力薄、範圍小、時不久、不徹底。若欲能力強、範圍大、時間久、最徹底者，必須學習佛法，了解悲智之義，如是所作利生事業乃能十分圓滿也。故知所謂空者，即是於常人所執著之我見，打破消滅，一掃而空。然後以無我之精神，努力切實作種種之事業。亦猶世間行事，先將不良之習慣等一一推翻，然後良好建設乃得實現也。

今能了解佛法之全系統及其真精神所在，則常人謂佛教是迷信是消極者，固可因此而知其不當。即謂佛教為世界一切宗教中最高尚之宗教，或謂佛法為世界一切哲學中最玄妙之哲學者，亦未為盡理。

因佛法是真能

- 說明人生宇宙之所以然。
- 破除世間一切
  - 謬見，而與以正見。
  - 迷信，而與以正信。
  - 惡行，而與以正行。
  - 幻覺，而與以正覺。
- 包括世間各教各學之長處，而補其不足。
- 廣被一切眾生之機，而無所遺漏。

不僅中國，現今如歐美諸國人，正在熱烈的研究及提倡。出版之佛教書籍及雜誌等甚多。故望已為佛教徒者，須徹底研究佛法之真理，而努力實行，俾不愧為佛教徒之名。其未信佛法者，亦宜虛心下氣，盡力研究，然後於佛法再加以評論。此為余所希望者。

以上略說佛法大意畢。

又當地信士，因今日為菩薩誕，欲請解釋南無觀世音菩薩之義。茲以時間無多，唯略說之。

南無者，梵語，即皈依義。

菩薩者，梵語，為菩提薩埵之省文。菩提者覺，薩埵者眾生。因菩薩以智上求佛法，以悲下化眾生，故稱為菩提薩埵。此以悲智二義解釋，與前同也。

觀世音者，為此菩薩之名。亦可以悲智二義分釋。如《楞嚴經》云：由我親聽十方圓明，故觀音名遍十方界。約智言也。如《法華經》云：苦惱眾生一心稱名，菩薩即時觀其音聲，皆得解脫，以是名觀世音。約悲言也。

一九三八年（戊寅）六月十九日在漳州七寶寺講

常隨佛學

《華嚴經》〈行願品〉末卷所刊十種廣大行願中，第八曰常隨佛學。若依《華嚴經》文所載種種神通妙用，決非凡夫所能隨學。但其他經律等載佛所行事，有為我等凡夫作模範，無論何人皆可隨學者，亦屢見之。今且舉七事。

一、佛自掃地

《根本說一切有部》〈毘柰耶雜事〉云：「世尊在逝多林，見地不淨，即自執篲，欲掃林中。時，舍利子、大目犍連、大迦葉、阿難陀等諸大聲聞，見是事已，悉皆執篲共掃園林。時佛世尊及聖弟子掃除已，入食堂中，就座而坐。佛告諸比丘：「『凡掃地者，有五勝利：一者自心清淨，二者令他心清淨，三者諸天歡喜，四者植端正業，五者命終之後當生天上。』」

二、佛自舁（音余，即共扛抬也。）弟子及自汲水

《五分律》〈佛制飲酒戒緣起〉云：婆伽陀比丘以降龍故，得酒醉。衣鉢縱橫。佛與阿難舁至井邊。佛自汲水，阿難洗之等。

三、佛自修房

《十誦律》云：「佛在阿羅毘國，見寺門楣損，乃自修之。」

四、佛自洗病比丘及自看病

《四分律》云：「世尊即扶病比丘起，拭身不淨。拭已洗之，洗已復為浣衣曬乾。有故壞臥草棄之。掃除住處，以泥漿塗灑，極令清淨。更敷新草，並敷一衣。還安臥病比丘已，復以一衣覆上。」

《西域記》云：「祇桓東北有塔，即如來洗病比丘處。」

又云：「如來在日，有病比丘，含苦獨處。佛問：『汝何所苦？汝何獨居？』答曰：『我性疏懶不耐看病，故今嬰疾無人瞻視。』佛愍而告曰：『善男子！我今看汝。』」

五、佛為子弟裁衣

《中阿含經》云：「佛親為阿那律裁三衣，諸比丘同時為連合，即成。」

六、佛自為老比丘穿針

此事知者甚多。今以忘記出何經律，不及檢查原文。僅就所記憶大略之義錄之。佛在世時，有老比丘補衣。因目昏花，未能以線穿針孔中。乃嘆息曰：「誰當為我穿針？」佛聞之，即立起曰：「我為汝穿之等。」

七、佛自乞僧舉過

是為佛及弟子等結夏安居境，具儀自恣時也。《增一阿含經》云：佛坐草座。（即是離本座，敷草於地而坐也。所以爾者，恣僧舉過，捨憍慢故。）告諸比丘言：我無過咎於眾人乎？

又不犯身口意乎？如是至三。

靈芝律師云：「如來亦自恣者，示同凡法故，垂範後世故，付眾省己故，使折我慢故。」

如是七事，冀諸仁者勉隨學。遠離憍慢，增長悲心，廣植福業，速證菩提。是為余所希願者耳！

一九三三年（癸酉）七月一日在泉州承天寺為幼年諸學僧講、《覺有情》第十一卷第十一期，一九五〇年十一月一日

開示

改過實驗談

今值舊曆新年，請觀廈門全市之中，新氣象充滿，門戶貼新春聯，人多著新衣，口言恭喜新禧、新年大吉等。我等素信佛法之人，當此萬象更新時，亦應一新乃可。我等所謂新者何，亦如常人貼新春聯、著新衣等以為新乎？曰：不然。我等所謂新者，乃是改過自新也。但「改過自新」四字範圍太廣，若欲演講，不知從何說起。今且就余五十年來修省改過所實驗者，略舉數端為諸君言之。

余於講說之前，有須預陳者，即是以下所引諸書，雖多出於儒書，而實合於佛法。因談玄說妙修證次第，自以佛書最為詳盡。而我等初學之人，持躬敦品、處事接物等法，雖佛書中亦有說者，但儒書所說，尤為明白詳盡適於初學。故今多引之，以為吾等學佛法者之一助焉。以下分為總論別示二門。

總論者即是說明改過之次第：

一、學

須先多讀佛書儒書，詳知善惡之區別及改過遷善之法。倘因佛儒諸書浩如煙海，無力遍讀，而亦難於了解者，可以先讀《格言聯璧》一部。余自兒時，即讀此書。歸信佛法以後，亦常常翻閱，甚覺其親切而有味也。此書佛學書局有排印本甚精。

二、省

既已學矣，即須常常自己省察，所有一言一動，為善歟，為惡歟？若為惡者，即當痛改。除時時注意改過之外，又於每日臨睡時，再將一日所行之事，詳細思之。能每日寫錄日記，尤善。

三、改

省察以後，若知是過，即力改之。諸君應知改過之事，乃是十分光明磊落，足以表示偉大之人格。故子貢云：「君子之過也，如日月之食焉；過也人皆見之，更也人皆仰之。」又古人云：「過而能知，可以謂明。知而能改，可以即聖。」諸君可不勉乎！

別示者，即是分別說明余五十年來改過遷善之事。並其事甚多，不可勝舉。今且舉十條為常人所不甚注意者，先與諸君言之。《華嚴經》中皆用十之數目，乃是用十以表示無盡之意。今余說改過之事，僅舉十條，亦爾；正以示余之過失甚多，實無盡也。此次講說時間甚短，每條之中僅略明大意，未能詳言，若欲知者，且俟他日面談耳。

一、虛心

常人不解善惡，不畏因果，絕不承認自己有過，更何論改？但古聖賢則不然。今舉數例：

孔子曰：「五十以學易，可以無大過矣。」又曰：「聞義不能徙，不善不能改，是吾憂也。」蘧伯玉為當時之賢人，彼使人於孔子。孔子與之坐而問焉，曰：「夫子何為？」對曰：「夫子欲寡其過而未能也。」聖賢尚如此虛心，我等可以貢高自滿乎！

二、愼獨

吾等凡有所作所為，起念動心，佛菩薩乃至諸鬼神等，無不盡知盡見。若時時作如是想，自不敢胡作非為。曾子曰：「十目所視，十手所指，其嚴乎！」又引「詩」云：「戰戰兢兢，如臨深淵，如履薄冰。」此數語為余所常常憶念不忘者也。

三、寬厚

造物所忌，曰刻曰巧。聖賢處事，唯寬唯厚。古訓甚多，今不詳錄。

四、吃虧

古人云：「我不識何等為君子，但看每事肯吃虧的便是。我不識何等為小人，但看每事好便宜的便是。」古時有賢人某臨終，子孫請遺訓，賢人曰：「無他言，爾等只要學吃虧。」

五、寡言

此事最為緊要。孔子云：「駟不及舌，」可畏哉！古訓甚多，今不詳錄。

六、不說人過

古人云：「時時檢點自己且不暇，豈有工夫檢點他人。」孔子亦云：「躬自厚而薄責於人。」以上數語，余常不敢忘。

七、不文己過

子夏曰：「小人之過也必文。」我眾須知文過乃是最可恥之事。

八、不覆己過

我等倘有得罪他人之處，即須發大慚愧，生大恐懼。發露陳謝，懺悔前愆。萬不可顧惜體面，隱忍不言，自誑自欺。

九、聞謗不辯

古人云：「何以息謗？曰無辯。」又云：「喫得小虧，則不至於喫大虧。」余三十年來屢次經驗，深信此數語真實不虛。

十、不瞋

瞋習最不易除。古賢云：「二十年治一怒字，尚未消磨得盡。」但我等亦不可不盡力對治也。《華嚴經》云：「一念瞋心，能開百萬障門，」可不畏哉！

因限於時間，以上所言者殊略，但亦可知改過之大意。最後，余尚有數言，願為諸君陳者：改過之事，言之似易，行之甚難。故有屢犯而屢犯，自己未能強作主宰者，實由無始宿業所致也。務請諸君更須常常持誦阿彌陀佛名號、觀世音、地藏諸大菩薩名號，至誠至敬，懇切懺悔無始宿業，冥冥中自有不可思議之感應。承佛菩薩慈力加被，業消智朗，則改過自新之事，庶幾可以圓滿成就，現生優入聖賢之域，命終往生極樂之邦，此可為諸君預賀者也。

常人於新年時，彼此晤面，皆云恭喜，所以賀其將得名利。余此次於新年時，與諸君晤面，亦云恭喜，所以賀諸君將能真實改過不久將為賢為聖；不久決定往生極樂，速成佛道，分身十方，普能利益一切眾生耳。

一九三三年（癸酉）正月在廈門妙釋寺講、《佛學半月刊》第七十八期，一九三四年五月一日

青年佛徒應注意的四項

養正院從開辦到現在，已是一年多了。外面的名譽很好，這因為由瑞金法師主辦，又得各位法師熱心愛護，所以能有這樣的成績。

我這次到廈門，得來這裡參觀，心裡非常歡喜。各方面的布置都很完美，就是地上也掃得乾乾淨淨的，這樣，在別的地方，很不容易看到。

我在泉州草菴大病的時候，承諸位寫一封信來——各人都簽了名，慰問我的病狀；並且又承諸位念佛七天，代我懺悔，還有像這樣別的事，都使我感激萬分！

再過幾個月，我就要到鼓浪嶼日光巖去方便閉關了。時期大約頗長久，怕不能時時會到，所以特地發心來和諸位敘談敘談。

今天所要和諸位談的，共有四項：一是惜福，二是習勞，三是持戒，四是自尊，都是青年佛徒應該注意的。

惜福

「惜」是愛惜，「福」是福氣。就是我們縱有福氣，也要加以愛惜，切不可把它浪費。諸位要曉得：末法時代，人的福氣是很微薄的；若不愛惜，將這很薄的福享盡了，就要受莫大的痛苦，古人所說「樂極生悲」，就是這意思啊，我記得從前小孩子的時候，我父親請人寫了一副大對聯，是清朝劉文定公的句子，高高地掛在大廳的抱柱上，上聯是「惜食，惜衣，非為惜財緣惜福。」我底哥哥時常教我念這句子，我念熟了，以後凡是臨到穿衣或是飲食的當兒，我都十分注意，就是一粒米飯，也不敢隨意糟蹋掉；而且我母親也常常教我，身上所穿的衣服，當時時小心，不可損壞或污染。這因為母親和哥哥怕我不愛惜衣食，損失福報，以致短命而死，所以常常這樣叮嚀著。

諸位可曉得，我五歲的時候，父親就不在世了！七歲我練習寫字，拿整張的紙瞎寫；一時不知愛惜，我母親看到，就正顏厲色的說：

「孩子！你要知道呀！你父親在世時，莫說這樣大的整張的紙不肯糟蹋，就連寸把長的紙條，也不肯隨便丟掉哩！」母親這話，也是惜福的意思啊！

我因為有這樣的家庭背景，深深地印在腦裡，後來年紀大了，也沒一時不愛惜衣食；就是出家以後，一直到現在，也還保守著這樣的習慣。諸位請看我腳上穿的一雙黃鞋子，還是民國九年在杭州時候，一位打念七佛的出家人送給我的。又諸位有空，可以到我房間來看看，我的棉被面子，還是出家以前所用的；又有一把洋傘，也是民國初年買的。這些東西，即使有破爛的地方，請人用針線縫縫，仍舊同新的一樣了。簡直可盡我形壽受用著哩！不過，我所穿的小衫褲和羅漢草鞋一類的東西，卻須五六年一換。除此之外，一切衣物，大都是在家時候或是初出家時候製的。

從前常有人送我好的衣服或別的珍貴之物，但我大半都轉送別人。因為我知道我的福薄，好的東西是沒有膽量受用的。又如喫東西，只生病時候喫一些好的，除此以外，從不敢隨便亂買好的東西喫。

惜福並不是我一個人的主張，就是淨土宗大德印光老法師也是這樣，有人送他白木耳等補品，他自己總不願意喫，轉送到觀宗寺去供養諦閑法師。別人問他：

「法師！你為什麼不喫好的補品？」他說：

「我福氣很薄，不堪消受。」

他老人家——印光法師，性情剛直，平常對人只問理之當不當，情面是不顧的。前幾年有一位皈依弟子，是鼓浪嶼有名的居士去看望他，和他一道喫飯，這位居士先喫好，老法師見他碗裡剩落了一兩粒米飯；於是就很不客氣地大聲呵斥道：

「你有多大福氣，可以這樣隨便糟蹋飯粒！你得把他喫光！」

諸位，以上所說的話，句句都要牢記！要曉得：我們即使有十分福氣，也只好享受二三分，所餘的可以留到以後去享受；諸位或者能發大心，願以我的福氣，布施一切眾生，共同享受，那更好了。

習勞

「習」是練習，「勞」是勞動。現在講講習勞的事情：

諸位請看看自己的身體，上有兩手，下有兩腳，這原為勞動而生的。若不將他運用習勞，不但有負兩手兩腳，就是對於身體也一定有害無益的。換句話說：若常常勞動，身體必定康健。而且我們要曉得：勞動原是人類本分上的事，不唯我們尋常出家人要練習勞動，即使到了佛的地位，也要常常勞動才行，現在我且講講佛的勞動的故事：

所謂佛，就是釋迦牟尼佛。在平常人想起來，佛在世時，總以為同現在的方丈和尚一樣，有衣鉢師、侍者師常常侍候著，佛自己不必做什麼；但是不然，有一天，佛看到地下不很清潔，自己就拿起掃帚來掃地，許多大弟子見了，也過來幫掃，不一時，把地掃得十分清潔。佛看了歡喜，隨即到講堂裡去說法，說道：

「若人掃地，能得五分功德……」

又有一個時候，佛和阿難出外遊行，在路上碰到一個喝醉了酒的弟子，已醉得不省人事了；佛就命阿難抬腳，自己抬頭，一直抬到井邊，用桶汲水，叫阿難把他洗濯乾淨。

有一天，佛看到門前木頭做的橫楣壞了，自己動手去修補。

有一次，一個弟子生了病，沒有人照應，佛就問他說：「你生了病，為什麼沒人照應你？」那弟子說：

「從前人家有病，我不曾發心去照應他；現在我有病，所以人家也不來照應我了。」佛聽了這話，就說：

「人家不來照應你，就由我來照應你吧！」

就將那病弟子大小便種種污穢，洗濯得乾乾淨淨；並且還將他的牀舖，理得清清楚楚，然後扶他上牀。由此可見，佛是怎樣的習勞了。佛絕不像現在的人，凡事都要人家服勞，自己坐著享福。這些事實，出於經律，並不是憑空說說的。

現在我再說兩樁事情，給大家聽聽：《彌陀經》中載著的一位大弟子——阿雀樓陀，他雙目失明，不能料理自己，佛就替他裁衣服，還叫別的弟子一道幫著做。

有一次，佛看到一位老年比丘眼睛花了，要穿針縫衣，無奈眼睛看不清楚，嘴裡叫著：

「誰能替我穿針呀！」

佛聽了立刻答應說：

「我來替你穿。」

以上所舉的例，都足證明佛是常常勞動的。我盼望諸位，也當以佛為模範，凡事自己動手去做，不可依賴別人。

持戒

「持戒」二字的意義，我想諸位總是明白的吧！我們不說修到菩薩或佛的地位，就是想來生再做人，最低的限度，也要能持五戒。可惜現在受戒的人雖多，只是掛個名而已，切切實實能持戒的卻很少。要知道：受戒之後，若不持戒，所犯的罪，比不受戒的人要加倍的大，所以我時常勸人不要隨便受戒。至於現在一般傳戒的情形，看了真痛心，我實在說也不忍說了！我想最好還是隨自己的力量去受戒，萬不可敷衍門面，自尋苦惱。

戒中最重要的，不用說是殺、盜、淫、妄，此外，還有飲酒、食肉也是易惹人譏嫌。至於喫菸，在律中雖無明文，但在我國習慣上，也很容易受人譏嫌的，總以不喫為是。

自尊

「尊」是尊重，「自尊」就是自己尊重自己，可是人都喜歡人家尊重我，而不知我自己尊重自己；不知道要想人家尊重自己，必須我自己尊重自己做起。怎樣尊重自己呢？就是自己時時想著：我當他一個偉大的人，做一個了不起的人。比如我們想做一位清淨的高僧吧，就拿高僧傳來讀，看他們怎樣行，我也怎樣行，所謂：「彼既丈夫我亦爾。」又比方我想將來做一位大菩薩，那末，就當依經中所載的菩薩行，隨力行去。這就是自尊。但自尊與貢高不同；貢高是妄自尊大，目空一切的胡亂行為；自尊是自己增進自己的德業，其中並沒有一絲一毫看不起人的意思的。

諸位萬萬不可以為自己是一個小孩，是一個小和尚，一切不妨隨便些；也不可說我是一個平常的出家人，那裡敢希望做高僧、做大菩薩。凡事全在自己做去，能有高尚的志向，沒有做不到的。

諸位如果作這樣想：我是不敢希望做高僧、做大菩薩的，那做事就隨隨便便，甚至自暴自棄，走到墮落的路上去了，那不是很危險的麼？諸位應當知道：年紀雖然小，志氣卻不可不高啊！

我還有一句話，要向大家說，我們現在依佛出家，所處的地位是非常尊貴的，就以剃髮、披袈裟的形式而論，也是人天師表，國王和諸天人來禮拜，我們都可端坐而受。你們知道這道理麼？自今以後，就當尊重自己，萬萬不可隨便了。

以上四項，是出家人最當注意的，別的我也不多說了。我不久就要閉關，不能和諸位時常在一塊兒談話，這是很抱歉的。但我還想在關內講講律，每星期約講三四次，諸位碰到例假，不妨來聽聽！

今天得和諸位見面，我非常高興。我只希望諸位把我所講的四項，牢記在心，作為永久的紀念！

一九三六年（丙子）正月開學日在南普院寺佛教養正院講、《佛海燈》第一卷第七期，一九三六年五月十二日

南閩十年之夢影

我一到南普陀寺，就想來養正院和諸位法師講談講談，原定的題目是〈余之懺悔〉，說來話長，非十幾小時不能講完；近來因為講律，須得把講稿寫好，總抽不出一個時間來，心裡又怕負了自己的初願，只好抽出很短的時間，來和諸位談談，談我在南閩十年中的幾件事情！

我第一回到南閩，在民國十七年的十一月，是從上海來的。起初還是在溫州，我在溫州住得很久，差不多有十年光景。

由溫州到上海，是為著編輯《護生畫集》的事，和朋友商量一切；到十一月底，才把《護生畫集》編好。

那時我聽人說：尤惜陰居士也在上海。他是我舊時很要好的朋友，我就想去看一看他。一天下午，我去看尤居士，居士說要到暹羅國去，第二天一早就要動身的。我聽了覺得很喜歡，於是也想和他一道去。

我就在十幾小時中，急急地預備著。第二天早晨，天還沒大亮，就趕到輪船碼頭，和尤居士一起動身到暹羅國去了。從上海到暹羅，是要經過廈門的，料不到這就成了我來廈門的因緣。十二月初，到了廈門，承陳敬賢居士的招待，也在他們的樓上喫過午飯，後來陳居士就介紹我到南普陀寺來。那時的南普陀，和現在不同，馬路還沒有建築，我是坐著轎子到寺裡來的。

到了南普陀寺，就在方丈樓上住了幾天。時常來談天的，有性願老法師、芝峰法師……等。芝峰法師和我同在溫州，雖不曾見過面，卻是很相契的。現在突然在南普陀寺晤見了，真是說不出的高興。

我本來是要到暹羅去的，因著諸位法師的挽留，就留滯在廈門，不想到暹羅國去了。

在廈門住了幾天，又到小雪峰那裡去過年。一直到正月半以後才回到廈門，住在閩南佛學院的小樓上，約莫住了三個月工夫。看到院裡面的學僧雖然只有二十幾位，他們的態度都很文雅，而且很有禮貌，和教職員的感情也很不差，我當時很讚美他們。

這時芝峰法師就談起佛學院裡的課程來。他說：

「門類分得很多，時間的分配卻很少，這樣下去，怕沒有什麼成績吧？」

因此，我表示了一點意見，大約是說：

「把英文和算術等刪掉，佛學卻不可減少，而且還得增加，就把騰出來的時間教佛學吧！」

他們都很贊成。聽說從此以後，學生們的成績，確比以前好得多了！

我在佛學院的小樓上，一直住到四月間，怕將來的天氣更會熱起來，於是又回到溫州去。

第二回到南閩，是在民國十八年十月。起初在南普陀寺住了幾天，以後因為寺裡要做水陸，又搬到太平巖去住。等到水陸圓滿，又回到寺裡，在前面的老功德樓住著。

當時閩南佛學院的學生，忽然增加了兩倍多，約有六十多位，管理方面不免感到困難。雖然竭力的整頓，終不能恢復以前的樣子。

不久，我又到小雪峰去過年，正月半才到承天寺來。

那時性願老法師也在承天寺，在起草章程，說是想辦什麼研究社。

不久，研究社成立了，景象很好，真所謂「人才濟濟」，很有一種難以形容的盛況。現在妙釋寺的善契師，南山寺的傳證師，以及已故南普陀寺的廣究師……都是那時候的學僧哩！研究社初辦的幾個月裡，常住的經懺很少，每天有工夫上課，所以成績卓著，為別處所少有。

當時我也在那裡教了兩回寫字的方法，遇有閒空，又拿寺裡那些古版的藏經來整理整理，後來還編成目錄，至今留在那邊。這樣在寺裡約莫住了三個月，到四月，怕天氣要熱起來，又回到溫州去。

民國二十年九月，廣洽法師寫信來，說很盼望我到廈門去。當時我就從溫州動身到上海，預備再到廈門；但許多朋友都說：時局不大安定，遠行頗不相宜，於是我只好仍回溫州。直到轉年（即民國二十一年）十月，到了廈門，計算起來，已是第三回了！

到廈門之後，由性願老法師介紹，到山邊巖去住；但其間妙釋寺也去住了幾天。

那時我雖然沒有到南普陀來住；但佛學院的學僧和教僧員，卻是常常來妙釋寺談天的。

民國二十二年正月廿一日，我開始在妙釋寺講律。

這年五月，又移到開元寺去。

當時許多學律的僧眾，都能勇猛精進，一天到晚的用功，從沒有空過的工夫；就是秩序方面也很好，大家都嘖嘖的稱讚著。

有一天，已是黃昏時候了！我在學僧們宿舍前面的大樹下立著，各房燈火發出很亮的光；誦經之聲，又復朗朗入耳，一時心中覺得有無限的歡慰！可是這種良好的景象，不能長久的繼續下去，恍如曇花一現，不久就消失了。但是當時的景象，卻很深的印在我的腦中，現在回想起來，還如在大樹底下目睹一般。這是永遠不會消滅，永遠不會忘記的啊！

十一月，我搬到草庵來過年。

民國二十三年二月，又回到南普陀。

當時舊友大半散了；佛學院中的教職員和學僧，也沒有一位認識的！

我這一回到南普陀寺來，是準了常惺法師的約，來整頓僧教育的。後來我觀察情形，覺得因緣還沒有成熟，要想整頓，一時也無從著手，所以就作罷了。此後並沒有到閩南佛學院去。

講到這裡，我順便將我個人對於僧教育的意見，說明一下：

我平時對於佛教是不願意去分別那一宗、那一派的，因為我覺得各宗各派，都各有各的長處。

但是有一點，我以為無論那一宗那一派的學僧，卻非深信不可，那就是佛教的基本原則，就是深信善惡因果報應的道理——善有善報，惡有惡報；同時還須深信佛菩薩的靈感！這不僅初級的學僧應該這樣，就是升到佛教大學也要這樣！

善惡因果報應和佛菩薩的靈感道理，雖然很容易懂；可是能徹底相信的卻不多。這所謂信，不是口頭說說的信，是要內心切切實實去信的呀！

咳！這很容易明白的道理，若要切切實實地去信，卻不容易啊！

我以為無論如何，必須深信善惡因果報應和諸佛菩薩靈感的道理，才有做佛教徒的資格！須知善有善報，惡有惡報，這種因果報應，是絲毫不爽的！又須知我們一個人所有的行為，一舉一動，以至起心動念，諸佛菩薩都看得清清楚楚！

一個人若能這樣十分決定地信著，他的品行道德，自然會一天比一天地高起來！

要曉得我們出家人，就所謂「僧寶」，在俗家人之上，地位是很高的。所以品行道德，也要在俗家人之上才行！

倘品行道德僅能和俗家人相等，那已經難為情了！何況不如？又何況十分的不如呢？……咳……這樣他們看出家人就要十分的輕慢，十分的鄙視，種種譏笑的話，也接連的來了。……

記得我將要出家的時候，有一位住在北京的老朋友寫信來勸告我，你知道他勸告的是什麼，他說：

「聽到你要不做人，要做僧去……」

咳！……我們聽到了這話，該是怎樣的痛心啊！他以為做僧的，都不是人，簡直把僧不當人看了！你想，這句話多麼厲害呀！

出家人何以不是人？為什麼被人輕慢到這地步？我們都得自己反省一下！我想：這原因都由於我們出家人做人太隨便的緣故；種種太隨便了，就鬧出這樣的話柄來了。

至於為什麼會隨便呢；那就是由於不能深信善惡因果報應和諸佛菩薩靈感的道理的緣故。倘若我們能夠真正生信，十分決定的信，我想就是把你的腦袋斫掉，也不肯隨便的了！

以上所說，並不是單單養正院的學僧應該牢記，就是佛教大學的學僧也應該牢記，相信善惡因果報應和諸佛菩薩靈感不爽的道理！

就我個人而論，已經是將近六十的人了，出家已有二十年，但我依舊喜歡看這類的書！——記載善惡因果報應和佛菩薩靈感的書。

我近來省察自己，覺得自己越弄越不像了！所以我要常常研究這一類的書，希望我的品行道德，一天高尚一天；希望能夠改過遷善，做一個好人；又因為我想做一個好人，同時我也希望諸位都做好人！

這一段話，雖然是我勉勵我自己的，但我很希望諸位也能照樣去實行！

關於善惡因果報應和佛菩薩靈感的書，印光老法師在蘇州所辦的弘化社那邊印得很多，定價也很低廉，諸位若要看的話，可託廣洽法師寫信去購請，或者他們會贈送也未可知。

以上是我個人對於僧教育的一點意見。下面我再來說幾樣事情：

我於民國二十四年到惠安淨峰寺去住。到十一月，忽然生了一場大病，所來我就搬到草庵來養病。

這一回的大病，可以說是我一生的大紀念！

我於民國二十五年的正月，扶病到南普陀寺來。在病牀上有一只鐘，比其他的鐘總要慢兩刻，別人看到了，總是說這個鐘不準，我說：

「這是草庵鐘。」

別人聽了「草庵鐘」三字還是不懂，難道天下的鐘也有許多不同的麼？現在就讓我詳詳細細的來說個明白：

我那一回大病，在草庵住了一個多月。擺在病牀上的鐘，是以草庵的鐘為標準的。而草庵的鐘，總比一般的鐘要慢半點。

我以後雖然移到南普陀，但我的鐘還是那個樣子，比平常的鐘慢兩刻，所以「草庵鐘」就成了一個名詞了。這件事由別人看來，也許以為是很好笑吧！但我覺得很有意思！因為我看到這個鐘，就想到我在草庵生大病的情形了，往往使我發大慚愧，慚愧我德薄業重。

我要自己時時發大慚愧，我總是故意地把鐘改慢兩刻，照草庵那鐘的樣子，不止當時如此，到現在還是如此，而且願盡形壽，常常如此。

以後在南普陀住了幾個月，於五月間，才到鼓浪嶼日光巖去。十二月仍回南普陀。

到今年民國二十六年，我在閩南居住，算起來，首尾已是十年了。

回想我在這十年之中，在閩南所做的事情，成功的卻是很少很少，殘缺破碎的居其大半，所以我常常自己反省，覺得自己的德行，實在十分欠缺！

因此近來我自己起了一個名字，叫「二一老人」。什麼叫「二一老人」呢？這有我自己的根據。

記得古人有句詩：

「一事無成人漸老。」

清初吳梅村（偉業）臨終的絕命詞有：

「一錢不值何消說。」

這兩句詩的開頭都是「一」字，所以我用來做自己的名字，叫做「二一老人」。

因此我十年來在閩南所做的事情，雖然不完滿，而我也不怎樣地去求他完滿了！

諸位要曉得：我的性情是很特別的，我只希望我的事情失敗，因為事情失敗、不完滿，這才使我常常發大慚愧！能夠曉得自己的德行欠缺，自己的修善不足，那我才可努力用功，努力改過遷善！

一個人如果事情做完滿了，那麼這個人就會心滿意足，洋洋得意，反而增長他貢高我慢的念頭，生出種種的過失來！所以還是不去希望完滿的好！

不論什麼事，總希望他失敗，失敗才會發大慚愧！倘若因成功而得意，那就不得了啦！

我近來，每每想到「二一老人」這個名字，覺得很有意味！

這「二一老人」的名字，也可以算是我在閩南居住了十年的一個最好的紀念！

《佛教公論》第一卷第九期，一九三七年四月十五日

最後之□□

（編按：此處為古書之字體逸失）

佛教養正院已辦有四年了。諸位同學初來的時候，身體很小，經過四年之久，身體皆大起來了，有的和我也差不多。啊！光陰很快。人生在世，自幼年至中年，自中年至老年，雖然經過幾十年之光景，實與一會兒差不多。就我自己而論，我的年紀將到六十了，回想從小孩子的時候起到現在，種種經過如在目前；啊！我想我以往經過的情形，只有一句話可以對諸位說，就是「不堪回首」而已。

我常自己來想，啊！我是一個禽獸嗎？好像不是，因為我還是一個人身。我的天良喪盡了嗎？好像還沒有，因為我尚有一線天良常常想念自己的過失。我從小孩子起一直到現在都埋頭造惡嗎？好像也不是，因為我小孩子的時候，常行袁了凡的功過格，三十歲以後，很注意於修養，初出家時，也不是沒有道心。雖然如此，但出家以後一直到現在，便大不相同了；因為出家以後二十年之中，一天比一天墮落，身體雖然不是禽獸，而心則與禽獸差不多。天良雖然沒有完全喪盡，但是惛憒糊塗，一天比一天厲害，抑或與天良喪盡也差不多了。講到埋頭造惡的一句話，我自從出家以後，惡念一天比一天增加，善念一天比一天退失，一直到現在，可以說是醇乎其醇的一個埋頭造惡的人，這個也無須客氣也無須謙讓了。

就以上所說看起來，我從出家後已經墮落到這種地步，真可令人驚歎；其中到閩南以後十年的工夫，尤其是墮落的墮落。去年春間曾經在養正院講過一次，所講的題目，就是〈南閩十年之夢影〉，那一次所講的，字字之中都可以看到我的淚痕，諸位應當還記得吧。

可是到了今年，比去年更不像樣子了；自從正月二十到泉州，這兩個月之中，弄得不知所云，不只我自己看不過去；就是我的朋友也說我以前如閒雲野鶴，獨往獨來，隨意棲止，何以近來竟大改常度，到處演講，常常見客，時時宴會，簡直變成一個「應酬的和尚」了，這是我的朋友所講的。啊！「應酬的和尚」，這五個字，我想我自己近來倒很有幾分相像。

如是在泉州住了兩個月以後，又到惠安到廈門到漳州，都是繼續前稿；除了利養，還是名聞，除了名聞，還是利養。日常生活，總不在名聞利養之外。雖在瑞竹巖住了兩個月，稍少閒靜，但是不久，又到祈保亭冒充善知識，受了許多善男信女的禮拜供養，可以說是慚愧已極了。

九月又到安海住了一個月，十分的熱鬧。近來再到泉州，雖然時常起一種恐懼厭離的心，但是仍不免向這一條名聞利養的路上前進。可是近來也有一件可慶幸的事，因為我近來得到永春十五歲小孩子的一封信。他勸我以後不可常常宴會，要養靜用功；信中又說起他近來的生活，如吟詩、賞月、看花、靜坐等，洋洋千言的一封信。啊！他是一個十五歲的小孩子，竟有如此高尚的思想，正當的見解；我看到他這一封信，真是慚愧萬分了。我自從得到他的信以後，就以十分堅決的心，謝絕宴會，雖然得罪了別人，也不管他，這個也可算是近來一件可慶幸的事了。

雖然是如此，但我的過失也太多了，可以說是從頭至足，沒有一處無過失，豈只謝絕宴會就算了結了嗎？尤其是今年幾個月之中，極力冒充善知識，實誰是太為佛門丟臉。別人或者能夠原諒我，但我對我自己，絕對不能夠原諒，斷不能如此馬馬虎虎的過去。所以我近來對人講話的時候，絕不顧惜情面，決定趕快料理沒有了結的事情，將「法師」、「老法師」、「律師」等名目一概取消，將學人侍者等一概辭謝；孑然一身，遂我初服，這個或者亦是我一生的大結束了。

啊！再過一個多月，我的年紀要到六十了。像我出家以來，既然是無慚無愧，埋頭造惡，所以到現在所做的事，大半支離破碎不能圓滿，這個也是份所當然。只有對於養正院諸位同學，相處四年之久，有點不能忘情；我很盼望養正院從此以後，能夠復興起來，為全國模範的僧學院。可是我的年紀老了，又沒有道德學問，我以後對於養正院，也只可說「愛莫能助」了。

啊！與諸位同學談得時間也太久了，且用古人的詩來作臨別贈言。詩云：

□□□□□□□　萬事都從缺陷好
吟到夕陽山外山　古今誰免餘情遶

一九三八年（戊寅）十一月十四日在南普院寺佛教養正院同學會席上講 瑞今記

授三皈依大意

第一章　三皈之略義

三皈者，皈依於佛法僧三寶也。

三寶義甚廣，有種種區別。今且就常人最易了解者，略舉之。佛者，如釋迦牟尼佛、阿彌陀佛等諸佛是也。法者，為佛所說之法，或菩薩等依據佛意所說之法，即現今所流傳之大小乘經律論三藏也。僧者，如菩薩聲聞諸聖賢眾、下至僅剃髮被袈裟者皆是也。

皈依者，皈向依賴之意。

皈依於三寶者，乞三寶救護也。《大方便佛報恩經》云：「譬人獲罪於王，投向異國以求救護。異國王言，汝來無畏，但莫出我境，莫違我教，必相救護。眾生亦爾。繫屬於魔，有生死罪。皈向三寶，以求救護。若誠心皈依，更無異向，不違佛教，魔王邪惡，無如之何。」

既已皈依於佛，自今以後，絕不再依天仙神鬼一切諸外道等。

既已皈依於法，自今以後，絕不再依諸外道典籍。
既已皈依於僧，自今以後，絕不再依於不奉行佛法者。

第二章　授三皈之方法

一、懺悔。二、正授三皈。三、發願回向。

應先請授者詳力解釋此三種文義。因僅讀文而未解義，不能獲諸善法也。

正授三皈之文有多種，常所用者如下：

我某甲，盡形壽，皈依佛、皈依法、皈依僧。三說

我某甲，皈依佛竟、皈依法竟、皈依僧竟。三結

前三說時，已得皈依善法。後三結者，重更叮嚀令不忘失也。

懺悔文及發願回向文，由授者酌定之。但發願回向，應有以此功德，回向眾生，同生西方，齊成佛道之意。萬不可唯求自利也。

第三章　授三皈之利益

經律論中，讚歎皈依三寶功德之文甚多。今略舉四則。《灌頂經》，云：「受三皈者，有

三十六善神，與其無量諸眷屬，守護其人令其安樂。」《善生經》云：「若人受三皈。所得果報，不可窮盡。如四大寶藏（四寶者：金、銀、琉璃、玻瓈），舉國人民，七年之中，運出不盡。受三皈者，其福過彼，不可稱計。」《較量功德經》云：「若三千大千世界，滿中如來，如稻麻竹葦。若人四事供養（飲食、衣服、臥具、湯藥）。滿二萬歲，諸佛滅後，各起寶塔，復以香花供養，其福甚多。不如有人以清淨心，皈依佛法僧三寶所得功德。」《大集經》云：「妊娠女人，恐胎不安，先授三皈已，兒無加害；乃至生已，身心具足，善神擁護。是母受兼資於子也。」

第四章　結語

在本寺正式講律，至今日圓滿。今日所以聚集緇素諸眾，講三皈大意者，一以備諸師參考，俾他日為人授三皈時，知其簡要之方法也。一以教諸在家人，令彼等了知三皈之大意，俾已受者，能了此意，應深自慶幸。其未受者，先能了知此意，且為他日依師受三皈之基礎也。

《佛教公論》第十一期，一九四七年二月一日

敬三寶

三寶者，佛法僧也。其義甚廣，今唯舉其少分之義耳。

今言佛者，且約佛像而言，如木石等所雕塑及紙畫者也。

今言法者，且約經律論等書冊而言，或印刷或書寫也。

今言僧者，且約當世凡夫僧而言，因菩薩羅漢等附入敬佛門也。

第一、敬佛 略舉常人所應注意者數條

禮佛時宜洗手漱口，至誠恭敬，緩緩而拜，不可急忙，寧可少拜，不可草率。佛几清潔，供香端直，供佛之物，以烹調精美、人所能食者為宜。今多以食物之原料及罐頭而供佛者殊為不敬，蕅益大師大悲咒行法中曾痛斥之。又供佛宜在午前，不宜過午也。供水果亦宜午前。供水宜捧奉式。供花，花瓶水宜常換。

紙畫之佛像，不可供以綾裱，恐染蠅糞等穢物也（少蠅者或可）。宜裝入玻璃鏡中。

木石等雕塑者，小者應入玻璃龕中，大者應作寶蓋罩之，並須常拂拭像上之塵土。凡大殿及供佛之室中，皆不宜踞坐笑談。如對於國王大臣乃至賓客之前尚應恭敬，慎護威儀，何況對佛像耶！不可佛前曬衣服，宜偏側。不得在殿前用夜壺水澆花。若臥室中供佛像者，眠時應以淨布遮障。

第二、敬法 略舉常人所應注意者數條

讀經之時，必須洗手漱口拭几，衣服整齊，威儀嚴肅，與禮佛時無異。蕅益大師云：展卷如對活佛，收卷如在目前，千遍萬遍，寤寐不忘，如是乃能獲讀經之實益也。

對於經典應十分恭敬護持，萬不可令其污損。又翻篇時宜以指腹輕輕翻之，不可以指爪劃，又不應折角，若欲記誌，以紙片夾入可也。

若經典殘缺者亦不可燒。臥室中几上置經典者，眠時應以淨布蓋之。

附：每日誦經時儀式

- 禮佛——多少不拘。
- 讚佛——經偈或天上天下無如佛等，阿彌陀佛身金色等，爐香乍爇不是讚佛。
- 供養——願此香華雲等。
- 讀經
- 回向——不拘，或用我此普賢殊勝行等。

第三、敬僧

略舉常人所應注意者數條

凡剃髮披袈裟者，皆是釋迦佛子，在家人見之，應一例生恭敬心，不可分別持戒破戒。

若皈依三寶時，禮一出家人為師而作證明者，不可妄云皈依某人。因所皈依者為僧，非皈依某一人，應於一切僧眾，若賢若愚，生平等心，至誠恭敬，尊之為師，自稱弟子。則與皈依僧伽之義，乃符合矣。

供養僧者亦爾。不可專供有德者，應於一切僧生平等心，普遍供之，乃可獲極大之功德也。專贈一人功德小，供眾者功德大。

出家人若有過失，在家人聞之，萬不可輕言。此為佛所痛誡者，最宜慎之。

以上已略言敬三寶義竟。茲附有告者，廈門泉州神廟甚多，在家人敬神，每用豬雞等物。豈知神皆好善而惡殺，今殺豬雞等物而供神，神不受享，又安能降福而消災耶。唯願自今以後，痛革此種習慣，凡敬神時，亦一例改用素食，則至善矣。

一九三三年（癸酉）五月五日在泉州大開元寺講、《覺有情》第十一卷第十一期，一九五〇年十一月一日

萬壽巖念佛堂開堂演辭

今日萬壽禪寺念佛堂開堂，余得參末席，深為榮幸。近十數年來，閩南佛法日益隆盛，但念佛堂尚未建立，悉皆引為憾事。今由本寺住持本妙法師發願創建，開閩南風氣之先。大眾歡喜，歎為稀有。本妙法師英年好學，親近興慈法主講席已歷多載。於天台教義及淨土法門悉能貫通。故今本其所學，建念佛堂弘揚淨土，可謂法門之龍象，僧中之芬陀矣。

今念佛堂既已成立，而欲如法進行，維持永久，胥賴護法諸居士有以匡輔而助理之。

考江浙念佛堂規則，約分二端。一為長年念佛，二為臨時念佛。

長年念佛者，齋主供設延生或薦亡牌位，堂中住僧數人乃至數十人，每日念佛數次。

臨時念佛者，齋主或因壽誕或因保病或因薦亡，臨時念佛一日，乃至多日，此即是水陸經懺之變相。

以上二端中，長年念佛尚易實行。因規模大小可以隨時變通，勉力支持猶可為也。若臨時念佛，實行至為困難。因舊日習慣，唯尚做水陸誦經拜懺放燄口等。今遽廢此習慣，改為念佛，非易事也。

《印光法師文鈔》中，屢言念佛勝於水陸經懺等。今略引之。〈與徐蔚如書〉云：

至於七中，及一切時，一切事，俱宜以念佛為主。何但喪期。以現今僧多懶惰。誦經則不會者多。而又其快如流，會而不熟亦不能隨念。縱有數十人，念者無幾。唯念佛則除非不發心，快無不能念之弊。又縱不肯念，一句佛號入耳經心，亦自利益不淺，此余絕不提倡作餘道場之所以也。

又〈復黃涵之書〉，數通中，皆言及此。文云：

至於保病薦亡，今人率以誦經拜懺做水陸為事。余與知友言，皆令念佛。以念佛利益，多於誦經拜懺做水陸多多矣。何以故？誦經則不識字者不能誦，即識字而快如流水，稍鈍之口舌亦不能誦，懶人雖能亦不肯誦，則成有名無實矣。拜懺做水陸亦可例推。念佛無一人不能念者，即懶人不肯念，而大家一口同音念，彼不塞其耳，則一句佛號固已歷歷明明灌於心中，雖不念與念亦無異也。如染香人，身有香氣，非特欲香，有不期然而然者，為親眷保安薦亡者皆不可不知。又云：至於作佛事，不必念經拜懺做水陸，以此等事，皆屬場面，宜專一念佛，俾令郎等亦始終隨之而念，女眷則各於自室念之，不宜附於僧位之末，如是則不但尊夫人令眷實獲其益，即念佛之僧並一切見聞無不獲益也。凡作佛事，主人若肯臨壇，則僧自發真實心，倘主人以此為具文，則僧亦以此為具文矣。又云：做佛事一事，余前已詳言之，祈勿徇俗徒作虛套，若念四十九天佛，較誦經之利益多多矣。

又〈復周孟由昆弟書〉云：

做佛事，只可念佛，勿做別佛事，並令全家通皆懇切念佛，則於汝母，於汝等諸眷屬及親戚朋友，皆有實益。又云：請僧念七七佛甚好。念時，汝兄弟必須有人隨之同念。

統觀以上印光老法師之言，於念佛則盡力提倡，於做水陸誦經拜懺放燄口等，則云絕不提倡。又云念佛利益多於誦經拜懺做水陸多多矣。又云誦經拜懺做水陸有名無實。又云念經拜懺做水陸等事皆屬場面。又云徒作虛套。老法師悲心深切，再三誥誡，智者聞之，詳為審察，當知何去何從矣。廈門泉州諸居士，皈依印光老法師者甚眾。唯望懍遵師訓，努力勸導諸親友等，自今以後，決定廢止拜懺誦經做水陸等，一概改為念佛。若能如此實行，不唯閩南各寺念佛堂可以維持永久，而閩南諸邑人士信仰淨土法門者日眾，往生西方者日多，則皆現前諸居士勸導之功德也。幸各勉旃！

一九三四年（甲戌）八月講

泉州開元慈兒院講錄

我到閩南，已有十年，來到貴院，也有好幾回，一回到院，都覺得有一番進步，這是使我很喜歡的。貴院各種課程，都有可觀，其最使我滿意讚歎的，就是早晚兩堂課誦。古語道：人身難得，佛法難聞。諸生倘非夙有善根，怎得來裡讀書，又復得聞佛法哩！今這樣，真是好極了。諸生得這難得機緣，應各各起歡喜心，深自慶幸才是。

我今講本師釋迦牟尼佛在因地中為法捨身幾段故事給諸位聽，現在先引《涅槃經》一段來說。釋迦牟尼佛在無量劫前，當無佛法時代，曾作婆羅門，這位婆羅門，品格清高，與眾不同，發心訪求佛法。那時忉利天王在天宮瞧見，要試此婆羅門，有無真心，化為羅剎鬼，狀極兇惡，來與婆羅門說法，但是僅說半偈（印度古代的習慣以四句為一偈）。婆羅門聽了羅剎鬼所說的半偈很喜歡，要求羅剎再說後半偈，羅剎不肯。婆羅門力求，羅剎便向婆羅門道：「你要我說後半偈，也可以，你應把身上的血給我飲，身上的肉給我吃，才可許你。」婆羅門為求法故，即時答應道：「我甚願將我身上的血肉給你。」羅剎以婆羅門既然誠懇地允許，便把後半偈說給他聽。婆羅門得聞了後半偈，真覺心滿意足，不特自己歡喜，並且把這偈書寫在各處，遍傳到人間去。婆羅門在各處樹林山巖上書寫此四句偈後，為維持信用，便想應如何把自己血肉給羅剎吃呢？他就要跑上一棵很高很高的樹上，跳躍下來，自謂可以喪了身命，便將血肉給羅剎吃。羅剎那時，看婆羅門不惜身命求法，心中十分感動，當婆羅門在高處捨身躍下，未墜地時，羅剎便現了天王的原形把他接住，這婆羅門因得不死。羅剎原係忉利天王所化，欲試試婆羅門的，今見婆羅門求法如此誠懇，自然是十分歡喜讚歎。若在婆羅門因志求無上正法，雖棄捨身命亦何所顧惜呢！剛才所說：婆羅門如此求法困難，不惜身命。諸位現在不要捨身，而很容易的得聞佛法，真是大可慶幸呀！

還有一段故事，也是《涅槃經》上說。過去無量劫時候，釋迦牟尼佛，為一很窮困的人，當時有佛出世，見人皆先供養佛然後求法，己則貧窮無錢可供，他心生一計，願以身賣錢來供佛，就到大街上去賣自己的身體。當在大街上喊賣身時，恰巧遇一病人，醫生叫他每日應吃三兩人肉，那病人看見有人賣身，便十分歡喜，因向貧人說：「你每日給我三兩人肉吃，我可以給你五枚金錢。」這位窮人，聽了這話，與那病人商洽說：你先把五枚金錢拿來，我去買東西供養佛，求聞佛法，然後每日把我身上的肉割下給你吃。當時病人應允，即先付金錢。這窮人供佛聞法已畢，即天天以刀割身上的三兩肉給病人吃，吃到一個月，病才痊癒。當窮人每天割肉的時候，他常常念佛所說的偈，精神完全貫注在法的方面。竟如沒有痛苦，而且不久他的身體也就平復無恙了。這窮人因求法之故，發心做難行的苦行有如此勇猛。諸生現今在這院裡求學，早晚皆得聞佛法，不但每日無須割去苦干肉，而且有衣穿，有飯吃，這豈不是很難得的好機緣嗎？

再講一段故事，出於《賢愚經》。釋迦牟尼佛在因地時候，有一次身為國王，因厭惡終其身居於國王位，沒有什麼好處，遂發心求聞佛法。當時來了一位婆羅門，對這國王說：「王要聞法，可能把身體挖一千個孔，點一千盞燈來供養佛嗎？若能如此，便可為你說法。」那國王聽婆羅門這句話，便慨然對他說：「這有何難，為要聞法，情願捨此身命，但我現在有些少國事未了，容我七天，把這國事交下著落，便就實行。」到第七天，國事辦完，王便欲在身上挖千個孔，點千盞燈，那時全國人民知道此事，都來勸阻。謂大王身為什國人民所依靠，今若這樣犧牲，全國人民將何所賴呢？國王說：「現在你們依靠我，我為你們做依靠，不過是暫時，是靠不住的，我今求得佛法，將來成佛，當先度化你們，可為你們永遠的依靠，豈不更好，請大家放心，切勿勸阻。」那時國王馬上就實行起來。呼左右將身上挖了一千孔，把油盛好，燈心安好，欣然對婆羅門說：「請先說法，然後點燈。」婆羅門答應，就為他說法。國王聽了，無限的滿足，便把身上一千盞燈，齊點起來，那時萬眾驚駭呼號。國王乃發大誓願道：「我為求法，來捨身命，願我聞法以後，早成佛道，以大智慧光普照一切眾生。」這聲音一發，天地都震動了，燈光晃耀之下，諸天現前，即問國王：「你身體如此痛苦，你心裡也後悔嗎？」國王答：「絕不後悔。」後來國王復向空中發誓言：「我這至誠求法之心，果能永久不悔，願我此身體即刻回復原狀。」話說未已，至誠所感，果然身上千個火孔，悉皆平復，並無些少創痕。剛才所說，聞法有如此艱難，諸生現在聞法則十分容易，豈不是諸生有大幸福嗎？自今以後，應該發勇猛精進心，勤加修習才是！

以前我曾居住開元寺好幾次，即住在貴院的後面，早晚聞諸生念佛念經很如法，音聲亦甚好聽，每站在房門外聽得高興。因各種課程固好，然其他學校也是有的，獨此早晚二堂課誦，是其他學校所無，而貴院所獨有的，此皆是貴院諸職教員善於教導，和你們諸位努力，才有這十分美滿的成績，我希望貴院，今後能夠繼續精進努力不斷的進步，規模益擴大，為全國慈兒院模範，這是我最後殷勤的希望。（吳棲震記）

一九三八年（戊寅）二月講　吳棲霞記

改習慣

吾人因多生以來之夙習，及以今生自幼所受環境之熏染，而自然現於身口者，名曰習慣。習慣有善有不善，今且言其不善者。常人對於不善之習慣，而略稱之曰習慣。今依俗語而標題也。

在家人之教育，以矯正習慣為主。出家人亦爾。但近世出家人，唯尚談玄說妙。於自己微細之習慣，固置之不問。即自己一言一動，極粗顯易知之習慣，亦罕有加以注意者。可痛嘆也。

余於三十歲時，即覺知自己惡習慣太重，頗思盡力對治。出家以來，恆戰戰兢兢，不敢任情適意。但自愧惡習太重。二十年來，所矯正者百無一二。自今以後，願努力痛改。更願有緣諸道侶亦皆奮袂興起，同致力於此也。

吾人之習慣甚多。今欲改正，宜依如何之方法耶？若臚列多條，而一時改正，則心勞而效少。以余經驗言之，宜先舉一條乃至三四條，逐日努檢點，既已改正，後再逐漸增加可耳。

今春以來，有道侶數人與余同研律學，頗注意於改正習慣。數月以來，稍有成效。今願述其往事，以告諸公。但諸公欲自改其習慣，不必盡依此數條，盡可隨宜酌定。余今所述者，特為諸公作參考耳。

學律諸道侶已改正習慣，有七條。

一、食不言。現時中等以上各寺院皆有此制，故改正甚易。

二、不非時食。初講律時，即由大眾自己發心，同持此戒。後來學者亦爾。遂成定例。

三、衣服樸素整齊。或有舊製，色質未能合宜者，暫作內衣，外罩如法之服。

四、別修禮誦等課程。每日除聽講、研究、鈔寫及隨寺眾課誦外，皆別自立禮誦等課程，盡力行之。或有每晨於佛前跪讀《法華經》者，或有讀《華嚴經》者，或有讀《金剛經》者，或每日念佛一萬以上者。

五、不閒談。出家人每喜聚眾閒談，虛喪光陰，廢弛道業，可悲可痛！今諸道侶，已能漸除此習。每於食後，或傍晚、休息之時，皆於樹下檐邊，或經行、或端坐、若默誦佛號、若朗讀經文、若默然攝念。

六、不閱報。各地日報社會新聞欄中，關於殺盜婬妄等事，記載最詳。而婬欲諸事尤描摹盡致。雖無婬欲之人，常閱報紙，亦必受其熏染。此為現代世俗教育家所痛慨者。故學律諸道侶，近已自己發心不閱報紙。

七、常勞動。出家人性多懶惰，不喜勞動。今學律諸道侶，皆已發心，每日掃除大殿及僧房檐下，並奮力作其他種種勞動之事。

以上已改正之習慣，共有七條。

尚有近來特實行改正之二條，亦附列於下：

一、食碗所剩飯粒。印光法師最不喜此事。若見剩飯粒者，即當面痛訶斥之。所謂施主一粒米，恩重大如山也。但若爛粥爛麵留滯碗上不易除去者，則非此限。

二、坐時注意威儀。垂足坐時，雙腿平列。不宜左右互相翹架，更不宜聳立或直伸。余於在家時，已改此習慣。且現代出家人普通之威儀，亦不許如此。想此習慣不難改正也。

總之，學律諸道侶改正習慣時，皆由自己發心，決無人出命令而禁止之也。

三十八年農曆端陽前夕子時於榕舍外院

一九三三年（癸酉）在泉州承大寺、《覺有情》第十一卷第十一期，一九五〇年十一月一日

放生與殺生之果報

今日與諸君相見。先問諸君一，欲延壽否？二，欲癒病否？三，欲免難否？四，欲得子否？五，欲生西否？

倘願者，今有一最簡便易行之法奉告。即是放生也。

古今來，關於放生能延壽等之果報事蹟甚多。今每門各舉一事，為諸答言之。

一、延壽

張從善，幼年，嘗持活魚，刺指痛甚。自念我傷一指，痛楚如是。群魚剔腮剖腹，斷尾剖鱗，其病如何？特不能言耳。遂盡放之溪中，自此不復傷一物，享年九十有八。

二、癒病

杭州葉洪五，九歲時，得惡夢，驚寤，嘔血滿牀，久治不癒。先是彼甚聰穎，家人皆愛之，多與之錢，已積數千緡。至是，其祖母指錢曰，病至不起，欲此何為？盡其所有，買物放生，及錢盡，病遂痊癒矣。

三、免難

嘉興孔某，至一親戚家。留午餐，將殺雞供饌。孔力止之，繼以誓，遂止。是夕宿其家，正擣米，懸石杵於朽梁之上。孔臥其下。更餘，已眠。忽有雞來啄其頭，驅去復來，如是者三。孔不勝其擾，遂起覓火逐之。甫離席，而杵墜，正在其首臥處。孔遂悟雞報恩也。每舉以告人，勸勿殺生。

四、得子

杭州楊墅廟，甚有靈感。紹興人倪玉樹，赴廟求子。願得子日，殺豬羊雞鵝等謝神。夜夢神告曰：「汝欲生子，乃立殺願何耶？」倪叩首乞示。神曰：「爾欲有子，物亦欲有子也。物之多子者莫如魚蝦螺等，爾盍放之！」倪自是見魚蝦螺等，即買而投之江，後果連產五子。

五、生西

湖南張居士，舊業屠，每早宰豬，聽鄰寺曉鐘聲為準。一日忽無聲。張問之。僧云：夜夢十一人乞命，謂不鳴鐘可免也。」張念所欲宰之豬，適有十一子。遂乃感悟。棄屠業，皈依佛法。勤修十餘年，已得神通，知去來事。預告命終之日，端坐而逝。經謂上品往生，須慈心不殺，張居士因戒殺而得往生西方，決無疑矣。

以上所言，且據放生之人今生所得之果報。若據究竟而言，當來決定成佛。因佛心者，大慈悲是，今能放生，即具慈悲之心，能植成佛之因也。

放生之功德如此。則殺生所應得之惡報，可想而知，無須再舉。因殺生之人，現生短命、多病、多難、無子及不得生西也。命終之後，先墮地獄、餓鬼、畜生，經無量劫，備受眾若。

地獄、餓鬼之苦，人皆知之。至生於畜生中，即常常有怨仇返報之事。昔日殺牛羊豬雞鴨魚蝦等之人，即自變為牛羊豬雞鴨魚蝦等。昔日被殺之牛羊豬雞鴨魚蝦等，或變為人，而返殺害之。此是因果報應之理，決定無疑，而不能幸免也。

既經無量劫，生三惡道，受報漸畢。再生人中，依舊短命、多病、多難、無子及不得生西也。以後須再經過多劫，漸種善根，能行放生戒殺諸善事，又能勇猛精進勤懺悔往業，乃能漸離一切苦難也。

抑余又有為諸君言者。上所述殺牛羊豬雞鴨魚蝦，乃舉其大者而言。下至極微細之蒼蠅蚊蟲臭蟲跳蚤蜈蚣壁虎蟻子等，亦絕不可害損。倘故意殺一蚊蟲，亦決定獲得如上所述之種種苦報。斷不可以其物微細而輕忽之也。

今日與諸君相見，余已述放生與殺生之果報如此苦樂不同。唯願諸君自今以後，力行放生之事，痛改殺生之事。余嘗聞人云：泉州近來放生之法會甚多，但殺生之家猶復不少。或有一人茹素，而家中男女等仍買雞鴨魚蝦等之活物任意殺害也。願諸君於此事多多注意。自己既不殺生，亦應勸一切人皆不殺生。況家中男女等，皆自己所親愛之人，豈忍見其故造殺業，行將備受大苦，而不加以勸告阻止耶？諸君勉旃，願悉聽受余之忠言也。

一九三三年（癸酉）五月十五日在泉州大開元寺講、《覺有情半月刊》第一三五、一三六期合刊，一九四五年四月一日

書簡

與豐子愷居士 二通

子愷居士：

前日已至白馬湖，承張居士代表招待一切，至用感慰！茲有四事奉託如下：

一、乞畫澄照律祖像一幅，別奉樣式一紙，乞檢閱。此像在《續藏經》中，今依彼原稿略為縮小，如別紙中硃畫所畫輪廓為限。如以原稿太繁密者，乞仁者依己意稍為簡略，但仍以工筆細線畫之為宜；畫紙乞用拷碑紙，因將刻木板也，此畫像能於舊曆九月中旬隨夏居士返家之便帶下為感！

二、前存尊處之馬一浮居士圖章一包，乞於便中託人帶至杭州交還馬居士，但此事遲早不妨，雖遲至數月之後亦可。馬居士寓杭州聯橋及弼教坊之間，延定巷舊第五號（或第四第六號）門牌內。

三、福建蘇居士今春在鼓山定印《華嚴疏論纂要》多部（此書係康熙古版，外間罕有流傳，每部大約六十冊，實費二十圓）。擬以十二部分贈與日本各宗教大學及圖書館等，託內山書店代為分配及轉寄。又以二部贈與上海功德林流通，附寫信二紙，乞於便中轉交內山書店及功德林佛經流通處為感！

四、有人以五圓託仁者向功德林代請購下記之書——《華嚴處會感應緣起傳》一冊；其餘之資，皆請購（功德林藏版）《地藏菩薩本願經》若干冊及其郵費。此書代為郵寄「溫州大南門外慶福寺因弘法師收」，無須掛號。此款乞暫為墊付，俟他日託夏居士帶奉。

種種費神，感謝無盡！唯淨法師偕來，諸事甚為妥善，秋後朽人或雲遊他方，仍擬請唯淨法師在晚晴山房居住，管理物件及照料一切，彼亦有願久住山房之意。聞仁者近就開明編輯之事，想甚冗忙；如少閒暇，九月中旬可以不來白馬湖，俟他時朽人至上海，仍可晤談也。俗禮幸勿拘泥為禱！不具。

舊八月廿九日演音疏

承寄佛書二冊，頃已收到，至感！余本擬在白馬湖過夏，因是間近來兵士忽至，昨午曾到山房擾亂，又聞夏宅即擬移居上海，今後一人居此，諸事困難，現已決定往金山寺亦幻法師處或他處，二三日內即擬動身也。夏居士如在上海，乞為致候。所有前託帶來各件，皆乞從緩。不宣。

演音疏

《弘一大師全集》書簡類，一九四七年

與夏丏尊居士

九十四通

賜箋敬悉。居士戒除葷酒，至善至善！父病日劇，宜為說念佛往生之法。臨終一念最為緊要（臨終時，多生多劫以來善惡之業一齊現前，可畏也。），但能正念分明，念佛不輟，即往生可必。（釋迦牟尼佛所說，十方諸佛所普讚，豈有虛語！）自力不足，居士能助念之尤善。勸親生西方，脫離生死輪迴，世間大孝寧有適於是者！（臨終時萬不可使家人環繞，妨其正念，氣絕一小時乃許家人入室舉哀，至要至要！）《淨土經論集說》，昭慶經房皆備，可以請閱。聞范居士將來杭，在佚生校內講「起信論」，父病少間，居士可以往聽。《紫柏老人集》（如未送還）希託佚生轉奉范居士。不慧入山後，氣體殊適，可毋念。

丏尊大士坐下

演音稽首六月十八日

銀錶、古研敬受。判教宜先看五教，再閱四教；選佛譜宜每日擲數次，名位繁瑣，非如是不易記憶也。卒復丏尊居士，小額附奉。

演音

前日子葉子來談，藉悉起居勝常為慰。南京版《四書小參》、《中庸直指》，仁者如已請來，希假一誦。（否則乞詢佚生或有之，俟他日有人來帶下，不急需也。）《歸元鏡》（昭慶版）頗有可觀，（鄙以其為戲曲，其輕視之，今偶檢閱，詞旨警切，感人甚深。）願仁者請閱，並傳示同人。近作一偈附寫奉覽，不具。

丏尊居士

釋演音三月十一日

曩承遠送，深感厚誼。來新居樓居士家數日，將於二日後入山，七月十三日掩關，以是日為音鬀染二周年也。吳建東居士前屬撰《楊溪尾惠濟橋記》，音以掩關期近，未暇構思，願賢首代我為之；某氏所撰草稿附奉，以備參考，撰就希交吳居士收。相見無日，幸各努力，勿放逸。不一。

丏尊居士文席

演音六月廿五日

江干之別有如昨日，吳子書來，知仁歸臥湖上，脫屣塵勞，甚善，甚善！余以是歲春殘始來永寧，（寓溫州南門外城下寮。）掩室謝客，一心念佛，將以二載圓成其願。仁者邇來精進何似？衰老寖至，幸宜早自努力義海淵微，未易窮討，念佛一法最契時機。印老文鈔宜熟覽翫味，自知其下手處也。（吾先閱其書札一類。）仁或來甌，希於半月前先以書達，當可晤接。秋涼唯珍重，不具。

丏尊居士（便中代求松煙墨二錠寄下）

演音八月廿七夕

因事留滯泉州，秋晚乃可入山也。（今年未能北上。）前承尊戚施眼鏡，甚為適用。但攜帶未能輕便。仁者前用之眼鏡，如已不合用，（聞人云，近十年即須換。）乞以惠施，因余猶可適用此光也；且備有兩具，萬一有破碎亦可資急需。至鏡邊金質，可用他物塗之，無有礙也。唯付郵寄下，頗非易事，或致途中破損，乞託眼鏡公司代寄，當妥善也。惠書仍寄「廈門轉泉州大開元寺」（二月後乃移）。

丏尊居士道鑒

演音啟

丏尊居士道席：

惠書具悉，承施目魚（此名馬居士定）感謝無盡。印西師盛意，至用銘感。近年來雖無大病，但衰老日甚，殊畏寒暑。閩南氣候調和，適於療養，故暫未能北上，至用歉然。稍緩即擬移居山中，希施資貳拾圓，付郵匯下以備雜用，甚感！謹復不宣。

八月廿二日演音疏

丏尊居士：

惠書忻悉一一。攝影甚美，可喜！山房建築於美觀上甚能注意，聞多出於石禪之計劃也。石禪新居，由山房望之，不啻一幅畫圖（後方之松樹配置甚好。）彼云：「曾費心力慘淡經營」，良由以也！現在余雖不能久住山房，但因寺院充公之說，時有所聞，未雨綢繆，早建此新居，貯蓄道糧，他年寺制或有重大之變化，亦可毫無憂慮，仍能安居度日。故余對於山房建築落成深為慶慰，甚感仁者護法之厚意也！（秋後往閩閉關之事，是為宿願，未能中止，他年仍可來居山房，終以此處為久居之地也。）以上之意，如仁者與發起諸居士及施資諸居士晤面之時，乞為代達，因恐他人以新居初成即往他方，或致疑訝者，故乞仁者善為之解釋，俾令大眾同生歡喜之心也。

數日以來，承尊宅餽贈食品，助理雜務，一切順適，至用感謝！順達，不具。

重陽朝演音答

丏尊居士：

惠書誦悉，至白馬湖後，諸事安適，至用忻慰！廁所及廚竈已動工構造，廚房用具等，擬於明後日請唯淨法師偕工人至百官購買。彼有多年理事之經驗，諸事內行，必能措置妥善也。山房可以自炊，不用侍者。今日擬向章君處領洋十五圓，購廚房用具及食用油鹽米豆等物，其將來按月領款辦法，俟與仁者晤面時詳酌。立會經理此款資，甚善！擬即請發起人為董事，其名目乞仁者等酌定，以後每月領取之食用費，作為此會布施之義而領受之。（每月數目不能一定，因有時住二人，或有時僅一人，或三人，此事俟晤面時詳酌。）以後自炊之時，尊園菜蔬由尊處斟酌隨時布施，（此事乞於便中寫家書時提及，由便人送人，不須每日送。）一切菜蔬皆可食，無須選擇也。

草草復此，餘俟面談。聯輝居士竭誠招待一切，至可感謝。不宣。

舊八月廿九日演音上

外五紙乞交子愷居士

丏尊居士：

惠書前已誦悉，又由尊宅送到書籍及惠施諸物，至用感謝。宿疾已漸癒。質平前日來此，二宿而去。佩弦居士及尊眷屬書之幅已寫就，俟後面呈。《臨古法書》承為代寄，甚感！謹復，不具。

倘有向尊處詢問余之蹤跡者，乞答以遯居他方，未能見客及通信。現住之地及寺名，乞勿告知。

舊七月八日演音

丏尊、子愷居士仝覽：

前日寄奉一函，想已收到。至白馬湖後，承夏宅及諸居士輔助一切，甚為感謝。

前者仁等來函，曾云山房若住三人，其經費亦可足用云云，朽人因思現在即迎請弘祥師來此同住。以後朽人每年在外恆勾留數月，則山房之中居住日有時三人、有時二人，其經費當可十分足用也。

仁等於舊曆九月月望以後（即陽曆十月十七八日以後）來白馬湖時，擬請由上海繞道杭州，代朽人迎請弘祥師，偕同由紹興來白馬湖。弘祥師之行李，乞仁等代為照料，至用感謝！迎請弘祥師時，其應注意者如下數則：

一、仁等往杭州時，宜乘上午火車至閘口，即至閘口虎跑寺訪弘祥師，仁等即可居住虎跑寺一宿，次晨，偕同過江，往紹興。所以欲仁等正午到杭州者，因可令弘祥師於下午收拾行李，俾次晨即可動身。

二、仁等晤弘祥師時，乞云：「今代表弘一師迎請弘祥師往他處閉關用功。其地甚為幽靜，諸事無慮，護法之人甚多；但不是寺院，亦不能供養多人，僅能請弘祥師一人往彼處居住，倘有他位法師欲偕往者，一概謝絕。即請弘祥師收拾行李，所有物件皆可帶去，明晨即一同動身云云。」

三、弘祥師倘問：「其地在何處？」仁等可答云：「現在無須問，明日到時便知。」其餘凡有所問，皆不必明答。朽人之意，不欲向他僧眾傳揚此事，因恐他僧眾倘有來白馬湖訪問者，招待對付之事甚為困難，故不欲發表住處之地址也。

四、並乞仁等告知弘祥師云：「此次動身他往，不必告知弘傘師。」恐弘傘師挽留，反多周折也。

五、朽人自昔以來，凡信佛法、出家、拜師傅等，皆弘祥師為之指導一切，受恩甚深，無以為報，今由仁等發起建此山房，故欲迎養，聊報恩德於萬一也。弘祥師所有錢財無多，其由閘口至白馬湖種種費用，皆乞仁等惠施，感同身受。

六、朽人有謝客啟，附奉上一紙，託弘祥師代送虎跑庫房，令眾傳觀。

以上所陳諸瑣碎事，皆乞鑒察；種種費神，感謝無盡。再者，朽人於今者，已與蘇居士約定，於晚秋冬初之時，往福建一行。故擬於陰曆九月底即往上海，或小住數日，或即乘船而行，並乞仁等便中代為詢問：太古公司往廈門及往福州之輪船，其開行之時間是否有一定之規例？（如寧波船決定五時開，長江船決定半夜開之例。此所詢問者為時間，非是日期，因日期可閱報紙也。）瑣陳草草，不宣。

十月三日演音上

惠書誦悉，仁者有疾，行旅未便，本月可以不來白馬湖，朽人於下旬即往上海，當可晤談也。子愷校課與譯務皆甚忙，亦可不來，杭州之事可以稍緩無妨也。幸勿拘泥俗禮，至禱！

九月初五日演音上

丏尊居士：

前寄寫經，續寄一函，想悉想到。余擬於新曆六月五日（星期四）到寧波（三日自溫動身），在北門白衣寺暫住二三日，乞仁者於六日（星期五）或七日（星期六）自上海搭輪船來為盼。仁者到寧波時，乞坐人力車至北門白衣寺（車力約二角餘），到白衣寺乞問慧性師，倘云不知，乞問念佛堂內出塵老和尚，由彼二人可以引導與余晤談也；有應商酌之事，統俟面談。乞仁者先去信，託尊府人到山房灑掃，又如有寄與弘一之信，乞代收云云。《臨古法書》出版後，乞更改寄處如下（前紙作廢）：福建泉州承天寺性顯法師三十冊，廈門南普陀大醒法師二十冊，溫州大南門慶福寺因弘法師二十冊，天津河東山西會館南李晉章居士二十冊，白馬湖弘一十冊，共百冊。種種費神，至為感謝！附一紙，乞交豐居士。

新曆五月廿九日演音

丏尊居士：

移居之事諸承護念，感謝無盡。居此已數日，至為安適，氣候與普陀相似，蚊蠅等甚稀，用功最為相宜。居此山中，與閉關無以異也，以後出家、在家諸師友，有詢問余之蹤跡者，乞告以雲遊他方，謝客用功，未能通訊及晤談云云。附一紙，便中乞交豐居士。不具。

演音

本市有工人一名，每日至余處送飯、送開水及其他雜事，甚為精勤，每月似應以資酬謝，與贈送寺中伙食費同時交去。每月應付寺中之伙食費及工人費，擬請由山房存款利息內支付，因余居彼居此無以異也。前存泉州行李三件，擬託彼覓便人帶至上海，送存江南銀行。乞仁者為寫一憑信，寄至余處，轉為寄去。信函寫：外行李三件，送交寧波路（乞寫極詳細之地址），江南銀行某人收云云。信內乞寫：託其收下，覓便帶至白馬湖夏寓寧波路之地址，能繪一圖尤善，因外鄉之人不易尋覓也。附白。

丏尊居士：

昔承過談，至為感慰！朽人於八月十一日患傷寒，發熱甚劇，殆不省人事；入夜兼痢疾，延至十四日乃稍癒。至昨日（十八日）已獲痊癒，飲食如常，唯力疲耳！此次患病頗重，倘療養不能如法，可以纏綿數月，幸朽人稍知醫理，自己覓舊存之藥服之，並斷食一日、減食數日，遂能早痊，（此病照例須半月或兩旬，）實出意料之外耳！未曾延醫市藥，故費用無多，僅半圓餘耳（買綠豆、冬瓜、蘿蔔等）。前存之痧藥等，大半用罄，唯餘藥水半瓶，乞仁者便中託人代購下記之藥以惠施，他日覓更帶下，因山居若遇急病，難覓醫藥（即非急病亦甚困難）。故不得不稍有儲蓄耳（藥名另寫一紙）。

如此之重病，朽人已多年未患，今以五十之年而患此病，又深感病中起立做事之困難（無有看病之人），故於此娑婆世界已不再生貪戀之想，唯冀早生西方耳。陽曆九月十日以後，仁者或可返里，其時天氣已漸涼爽（已過白露節），乞惠臨法界寺，與住持預商臨終助念及身後之事，至為感企！此次病劇之時，深悔未曾預備遺囑（助念等事），故猶未能一意求生西方，唯希病癒，良用自慚耳！今病已癒，乞仁者萬勿掛念。豐居士並此致候，不具。

八月十九日晨演音

丏尊居士：

今晨奉惠書，具悉一一。重陽前後，朽人曾寄信片至開明（通告九月未能返白馬湖），想已遺失，致勞遠念，深為歉然。

日報所載，有傳聞失實處。此書版舊藏福州鼓山，久無人知，朽人前年無意中見之，乃勸蘇居士印廿五部（以十二部贈與日邦），按吾國江浙舊經版，經洪楊之亂皆成灰燼，最古者唯有北京龍藏版，大約雍正時刻。今此《華嚴經疏論纂要》為康熙時版，或為吾國現存之最古之經版亦未可知也。（此意便中乞告內山居士。）此外，彼處尚有古版數種，甚盼將來有人印刷流布。附一紙，乞呈西田大士，並希致候。不宣。

音復

承詢所需，深為感謝，現無需用，俟後奉達。返白馬湖期，俟講經圓滿再訂，現在每日聽靜權法師講《地藏菩薩本願經》。白衣寺孤兒院事甚為棘手，擬暫緩往。子愷居士處久未通訊，甚為思念，乞代致候。三年前，往內山居士處時，見其屋隅（即陳列佛書之處）有黃皮厚冊之華嚴……，（忘其名，為《華嚴概論》之類。）現朽人甚思得此書，他日如仁者見內山居士時，乞為一詢，如無亦無妨也。此書倘承惠寄，乞交二馬路全盛信局，即可寄至慈北鳴鶴場，或交郵局亦可。附白。

十二月二日

丏尊居士慧覽：

前上書，想已收到。舊曆明年正月元宵後，即擬覓便返法界寺，極遲或延至正月底，必可到法界也。其時當先到尊寓午餐，然後乘船而往。再者，前至寧波時，偶一不慎，將衣袋中之鈔票一包完全遺落，幸得友人資助，得以動身至溫州。將來由溫返白馬湖時，所需路費及買物等費，仍乞護法會有以施助，至為感荷！

以前在閩南過冬兩年，無有所苦，今歲驟值奇寒，老體已不能支持，明冬如仍在世，祗可再往閩南過冬矣！謹慎，不具。

音上立春後一日

丏尊居士：

兩奉惠書，具悉一一；諸承慈念，感謝無既。茲奉上鈔票洋十八圓，乞便中託人到郵局，以十七圓五角匯往南京。匯票上寫法：匯款人，上海兆豐路口開明書店夏丏尊；收款人，南京延齡巷馬路金陵刻經處。所餘之五角，既作為匯費及掛號信費等可也。附信一件，未封口，乞託人將匯票裝入，代為封口寄去為禱！種種費神，感激無盡，不具。

演音疏

丏尊居士：

南京經書已寄到，乞勿念！居法界月餘，甚安，與閉關無以異也。以後倘有出家、在家之人，向仁者詢問余之近狀者，乞告以隱遯用功，不再晤面及通信（現在之處勿告彼）云云。他日仁者返白馬湖時，乞惠臨一談為禱！

閏月十日音上

丏尊居士慧覽：

紹興諸居士等，盼望朽人往彼一遊甚切，擬二三日即動身往紹，將來或順便至杭滬，亦未可定也，俟返法界寺時再致函奉達。

前得黃寄慈居士函，謂彼校頗欲以拙書《臨古印本》為習字用，惜其定價太昂云云，可否乞仁者轉商諸章居士，另印江南連史紙粗率裝訂者發行，則定價可在六七角也。不宣。

中秋節演音上

前質平來函，謂歌集不久即可出版，至用慼慰。承寄五十冊，乞分寄下記之二處：十冊寄「廈門轉泉州大開元寺內慈兒院葉宗（澤定）二居士收」，四十冊寄「廈門鼓浪嶼日光巖弘一收」。以後通訊處即改為鼓浪嶼日光巖，勿再寄至南普陀也。

音啟

昨誦惠書，承施資，至感，已甚足用！山房潮氣全除，至用忻慰，唯此次余返驛亭時，僅攜帶薄棉被一件。其他蚊帳被褥等，皆存在法界寺中，以是之故，未能在山房止宿，且俟秋涼時，再當來山房也。動身之時未定，早者二十左右，至遲者在月底。謹復不具。

音上正月初九日

返山房後，諸承照料，感謝無盡。子淵及尊府送來燒餅甚多，乞仁者勿再買餅乾，亦勿買罐頭。閉門用功之廣告，擬即日貼於門外（不俟七月六日），但此是對外方人，若仁等則非此限也。白衣寺安心頭陀，今日來山房，聲淚俱下，約余往甬。泥水工人昨日已做工一日，因天氣陰雨無定，囑彼暫止。以後如有出家人、在家人等，向尊處或子愷處詢問余之消息，乞告以不晤客、不通信等。

音上

《佛教大辭典》太笨重，現在亦不披閱，乞仍存滬上，倘他日子愷往嘉興時。乞彼於便中帶交「第二中學蔡丏因收」，但不必急急也。又白。

前復函想已收到。前存開明發行所之《五戒相經》及《有部經》〈毘柰耶〉卷，並存尊處之吳夢非居士，由南京請來佛經等，皆乞託人於陰曆九月二十日以前帶至白馬湖為禱！

九月十二日演音上

承託佛學書局所寄之書，已收到，感謝無盡。講經即將圓滿，拙人因天氣太寒，骨節凝痛，困苦殊甚，不得已，擬於五六天後即往溫州，在彼過年，春暖之後再當返法界寺。知承遠念，謹聞不宣。

十二月廿六日音上

以後通訊，乞寄「溫州大南門慶福寺」。

別後安抵廈門，寓太平巖，暫不往泉州，以後通訊，乞寄廈門南普陀閩南佛學院轉交弘一收。小冊之《護生畫集》，再乞向李居士請施八十餘冊（再多更善），寄至佛學院，交余手收，因將以是分贈院中諸學僧及教職員等也。質平處之住址已記不清楚，乞仁者費神，將余通訊之處告彼，並乞彼將其通訊之處告知余也。夏居士、章居士、陶居士，乞便中代為致候，並謝余在滬時承招待之厚情。

演音上 舊十月四日

丏尊居士：

來廈門後居太平巖，擬暫不往泉州，因開元寺有軍隊多人駐紮也。《臨古法書》序文寫就，附以奉覽。此書出版之後，余不欲受領版稅（即分取售得之資），因身為沙門，若受此財，於心不安。倘書店願有以酬報者，乞於每版印刷時，贈余印本若干冊，當為之分贈結緣，是固余所歡喜仰望者也。將來字模製就，印佛書時，亦乞依此法，每次贈余原書若干冊。此意便中乞與章居士談之，並乞代為致候。字模之字，決定用時路之體（不固執己見），其形大致如下：（將來再加練習可較此為佳。）

字與字之間，皆有適宜之空白，將來排版之時，可以不必另加鉛條隔之，唯雙行小註，仍宜加鉛條間隔耳。（或以四小字占一大字之地位，圈點免去，此事俟將來再詳酌。）是間氣候甚暖，日間僅著布小衫一件，早晚則著兩三件。老病之體甚為安適。附一紙及匯票，乞交子愷。

演音上

前郵信片想已收到。拙書集出版之時，乞檢三十冊寄「福建泉州承天寺性願法師收」，再檢三十冊寄「溫州大南門外慶福寺因弘法師收」，並乞掛號，至為感謝。模字擬於二三日後動手書寫，先寫七百字寄上，俟命工鐫刻時，再繼續書寫他字。附聞。

二月十一日演音

昨日南普陀送來尊函及格紙一包、白紙一包，悉已收到。所云字典等一包，想不久亦可寄到。《有部經》〈毘柰耶〉卷，請李居士轉交四川徐耀遠居士。承夏居士轉到孫居士一函一片，悉已收到。（此事於前函中似已提及。）護生信箋乞即選定，並示知其格式，即為書寫。以前屬寫各件，除銅模字須明年乃可奉上，其餘各件不久即可寫好郵呈。所有書物等，均乞暫存尊處，俟明年再斟酌辦法。

演音

書悉。自慚涼德，本無可傳，擬自記舊事數則，或足以資他人改過遷善之一助爾。稍遲當寫奉，不宣。

六月十日演音

爾來患精神衰弱甚劇，今年擬即在此靜養，不再他往。晚晴山房若無人居住，恐致朽壞，如唯淨師能來住，甚善，否則或請弘祥師或他人入內住之，此事乞仁者斟酌為禱！信箋附掛號寄上，乞收入。銅模之字俟病癒後再執筆。歲晚移居泉州山中，以後惠函，乞寄「福建泉州洪瀨雪峰寺弘一收」。

正月初七日演音

子愷居士乞致候

惠書並施金悉收到，感謝無盡。擬於舊三月初旬動身，先至溫州，（由福州往不過上海，）俟下半年再至白馬湖。因質平屬撰歌詞，須在溫州撰著，彼寺中經書齊備，可資檢閱也。以後惠書，乞寄「溫郡慶福寺弘一收」。謹復。

演音二月望

丏尊居士道席：

一月半前，因往鄉間講經，居於黑暗室中，感受污濁之空氣，遂發大熱，神志昏迷，復起皮膚外症極重。此次大病，為生平所未經過，雖極痛苦，幸佛法自慰，精神上尚能安也。其中有數日病勢凶險，已瀕於危，有諸善友為之誦經懺悔，乃轉危為安。近十日來，飲食如常，熱已退盡，唯外症不能速癒，故至今仍臥牀上不能履地，大約再經一二月乃能痊癒也。

前年承護法會施資請購日本古書，（其書店為名古屋中區門前町其中堂，）獲益甚大，今擬繼續購請，乞再賜日金六百圓，託內山書店交銀行匯去，購書單一紙附奉上，亦乞託內山轉寄為感。

此次大病，居鄉間寺內，承寺中種種優待，一切費用皆寺中出，其數甚巨，又能熱心看病，誠可感也。乞另匯下四十圓，交「南普陀寺廣洽法師轉交弘一收」。（但信面乞寫廣洽法師之名，可以由彼代折信，代領款也。）此四十圓，以二十圓贈與寺中，（以他種名義，）其餘二十圓自用。屢荷厚施，感謝無盡。

演音啟舊正月初八日

以後通信乞寄「廈門南普陀寺養正院廣洽法師轉交」，余約於病癒春暖後移居廈門。又白。

丏尊居士道席：

前復明信想已收到。宿疾約再遲一月可以痊癒，此次請黃博士治療，彼本不欲收費，唯電火藥物等實費，統計約近百金，若不稍為補助，似有未可，擬贈以廈門日本藥房禮券五十圓一紙及拙書等，此款乞便中於護法會資支寄惠施，至用感謝。此次大病（內外症並發）為生平所未經過，歷時近半載，九死一生，雖肉體頗受痛苦，但於佛法頗能實地經驗，受大利益，亦昔所未有者也。謹陳不宣。

三月廿八日演音疏

以後通訊，乞寫「廈門南普陀寺養正院轉交」，後天起在此講律，約一月餘講畢，移居鼓浪嶼，通信處仍舊由養正院轉。

惠書誦悉，宿病已由日本醫學博士廣丙丁君診治，十分穩妥，不久即可痊癒，希釋懷念。其中堂信已直接寄去，江翼時居士所寄之書已收到。種種費神，至用感謝，不宣。

演音啟

往黃博士處診治，乃由友人介紹，已去十餘次，用電療及注射等需費甚多，將來或唯收實費，或完全贈送，尚未知悉，俟後由友人探詢清楚，再以奉聞。附白。

前函初發出，即奉到開明所寄書籍一包，乞便中代達子愷居士。諸承費神，感謝無盡。

閏五月十五日演音啟

惠書昨夜誦悉，是間近來大兵雲集，各大寺院皆住滿。以前所云在此靜修之事，恐難成就；且俟下月再酌定可也。弘祥師之事，今由余詳思，似須余親往商量，決定可否，乃為穩妥。倘余於春暖之時返浙者，即擬親往杭州一行也。旅費已不足，擬請仁等為集資十五圓匯下存貯，倘於春暖返浙，即以此費充之；萬一仍居閩地者，當存貯此費以備他日旅用也。惠復乞寄「福建泉州城內承天寺轉交弘一收」。匯款之時，亦依此地址書寫，以後乞勿再寄洪瀨。因彼流不穩妥，或致遺失也。不具。

子愷居士乞代致候。

正月晦日演音

惠書誦悉，至用感謝。「畫集」即可收到。講律尚須繼續，今年或不能北上也。不宣。

演音啟

兩旬之後，擬往百里外山中避暑，乞暫勿來信；將來住處定後，再以奉聞。附白。

惠書誦悉，承詢所需，至用感謝。此次由閩至溫，旅費甚省，故尚有餘資。宿疾本因路途辛勞所致，今已癒十之九，銅模字即可書寫。擬先寫千餘字寄上，俟動工鐫刻後，再繼續書寫其餘者。今細檢商務鉛字樣本，至為繁雜。有應用之字而不列入者；有《康熙字典》所未載之僻字及俗體字而反列入者，若依此書寫，殊不適用。今擬改依《中華新字典》所載者書寫，而略增加。總以適用於排版佛書及古書等為主。倘有欠缺，他時尚可隨時補寫也。墓誌造像不列目錄，甚善！《佛教大辭典》是否仍存在尊處？因嘉興前來書謂未曾收到，如未送去，仍以存尊處為宜。陽曆四月十九日寄掛號信與上海美專劉質平居士，至今半月餘，無有復音，乞為探詢，質平是否仍在美專，或在他處，便中示知為感！

演音陽曆五月六日

昨復一片，想已收到。此次寫銅模字，悉據《商務新字典》（前片云《中華新字典》者非也）所載之字，去其鈣、腺、呎等新造之字，而將拾遺門之字擇要增入，並再參考《康熙字典》，增加其適用之字（如丏字等。），先依此寫成一部，以後倘有缺少者，可以隨時增入也。擬先寫卅紙奉上，計一千〇五十字，俟動工鐫刻後，乞即示知，再當續寫。前寄樣紙兩張作廢，今擬重新書寫也；大約十天後即可寫就奉上。書寫模字最應注意者，為全部之字須筆畫粗細及結構相同；必能如是，將來折開排列之時，其字乃能勻稱。又寫時，於紙下襯一格紙，每字中畫一直線，依此直線書寫，則氣乃連貫；將來折開排列時，氣亦連貫矣。今夏或遲至秋中，余決定來白馬湖正式嚴格閉關，詳情後達，先此略白。山房存米甚多，乞令他人先取食之，俟余至山房再買新米。

演音

丏尊居士：

到溫後即奉上明信，想已收到。銅模字已試寫二頁，奉上，乞與開明主人酌核，余近來精神衰頹，目力昏花，若寫此體或稍有把握，前後可以大致一律，若改寫他體，恐難一律，故先以此樣子奉呈。倘可用者，余即續寫，否則擬即作罷（他體不能書寫）。所存之格紙，擬寫小經一卷，以奉開明主人，為紀念可耳。此次旅途甚受辛苦，至今喉痛及稍發熱咳嗽頭昏等症相繼而作；近來余深感娑婆之苦，欲早命終往生西方耳。謹陳，並候回玉。

舊三日晦日演音

丏尊居士：

前奉上二片，想已收到。銅模已試寫三十頁，費盡心力，務求其大小勻稱，但其結果仍未能滿意。現由余細詳思維，此事只可中止。其原因如下：

一、此事向無有創辦者，想必有困難之處；今余試之，果然困難。因字之大小與筆畫之粗細，及結體之或長、或方、或扁，皆難一律。今余書寫之字，依整張之紙看之，似甚整齊，但若拆開，以異部之字數紙（如口卩亻匚儿等）併集作為一行觀之，則弱點畢露，甚為難看。余曾屢次試驗，極為掃興，故擬中止。

二、去年應允此事之時，未經詳細考慮，今既書寫之時，乃知其中有種種之字，為出家人書寫甚不合宜者，如刀部中殘酷凶惡之字甚多，又女部中更不堪言，尸部中更有極穢之字，余殊不願執筆書寫，此為第二之原因（此原因甚為重要）。

三、余近來眼有病，戴眼鏡久則眼痛，將來或患增劇，即不得不停止寫字，則此事亦終不能完畢。與其將來功虧一簣，不如現在即停止，此為第三之原因。

余素重然諾，絕不願食言；今此事實有不得已之種種苦衷，務乞仁者向開明主人之前代為求其寬恕諒解，至為感禱！所餘之紙，擬書寫短篇之佛經三種（如《心經》之類是）以塞其責，聊贖余罪。前寄來之碑帖等，余已贈與泉州某師，又新字典及鉛字樣本，並未書寫之紅方格紙，亦乞悉贈與余，至為感謝。

余近來精神衰頹，遠不如去秋晤談時之形狀；質平前屬撰之歌集，亦屢構思，竟不能成一章，止可食言而中止耳。余年老矣，屢為食言之事，日夜自思，殊為抱愧，然亦無可如何耳。務乞多多原諒，至感，至感！已寫之三十張奉上，乞收入。

舊四月十二日演音上

丏尊居士：

頃誦尊函並金二十圓，感謝無盡。余近來衰病之由，未曾詳告仁者，今略記之如下：去秋往廈門後身體甚健；今年正月（舊曆以下同）在承天寺居住之時，寺中駐兵五百餘人，距余居室數丈之處，練習放槍並學吹喇叭，及其他體操唱歌等，有種種之聲音，驚恐擾亂，晝夜不寧，而余則竭力忍耐，至三月中旬乃動身歸來，輪舟之中，又與兵士二百餘人同乘（由彼等封船），種種逼迫，種種污穢，殆非言語可以形容。共同乘二晝夜，乃至福州。余雖強自支持，但腦神經已受重傷。故至溫州，身心已疲勞萬分，遂即致疾至今猶未十分痊癒。

慶福寺中，在余歸來之前數日，駐有兵士，至今未退。樓窗前二丈之外，亦駐有多數之兵，雖亦有放槍喧嘩等事，但較在福建時則勝多多矣。所謂秋荼之甘，或云如薺也。余自念此種逆惱之境，為生平所未經歷者，定是宿世惡業所感，有此苦報，故余雖身心備受諸苦，而道念頗有增進。佛說：「八苦為八師」，洵精確之定論也。余自經種種摧折，於世間諸事絕少興味。不久即正式閉關，不再與世人往來矣。（以上之事，乞與子愷一談，他人之處，無須提及為要。）以後通信，唯有仁者及子愷、質平等，其他如廈門、杭州等處，皆致函訣別，盡此形壽不再晤面及通信等。以後他人如向仁者或子愷詢問余之蹤跡者，乞以「雖存如歿」四字答之，並告以萬勿訪問及通信等。質平處，余亦為彼寫經等以塞其責，並致書謝罪。現在諸事皆已結束，唯有徐蔚如編校《華嚴疏鈔》，屬余參訂，須隨時通信。返山房之事，尚須斟酌，俟後奉達。（臨動身時當通知。）

山房之中，乞勿添製紗窗，因余向來不喜此物，山房地較高，蚊不多也。余現在無大病，唯身心衰弱，又手顫眼花神昏，臂痛不易舉，凡此皆衰老之相耳，甚願早生西方。謹復，不具一一。

舊四月廿八日演音

馬居士石圖章一包，前存子愷處，乞託彼便中交去，並向馬居士致訣別之意，今後不再通信及晤面矣。

丏尊居士慧鑒：

前日奉手書，忻悉一一。承寄之書籍，昨日已收到。茲寄上拙書二紙，一贈天香大士，一贈內山居。（附郵掛號奉上。）附呈致小樓居士一紙，乞轉交。又致內山居士三紙，乞轉交；並乞為說明其意，因彼不甚解漢文也。又請經目錄一紙，乞於晚晴護法會支洋三十圓；託人持此目錄，往北火車站東首寶山路口佛學書局購請，並託佛學書局代寄。即將郵資及掛號資付清，所餘之零資，乞購郵票，於他日便中寄下。種種費神，感謝無盡。又致豐居士一紙，亦乞於便中轉交。及附奉拙書六紙，乞隨意轉贈他人結緣。（此六紙別掛號寄上。）

十二月十四日演音疏

惠書誦悉。承施資請辭彙，至感！拙書附寄上，乞收入。晚晴修理甚善，江居士經手修理至為妥也。謹復不宣。

演音啟

前寄下洋五十圓，曾兩次託人送與黃博士，彼堅不受。後乃商酌，即以此資做大藏經等木箱數個，箱外鐫刻黃博士施助字樣云云，附陳。以後惠書乞寫寄「廈門南普陀寺養正院廣洽法師轉交弘一」。

前日復片及寫件一包，想已收到。昨日乃獲披誦辭彙，悉功德人名。前寄寫件不足，數日後再補寫郵奉。先此預陳，不宣。

演音啟

承轉寄天津之函已收到，甚感！今秋到滬時，由仁者託同居之張居士帶往嘉興之《佛教大字典》一冊，至今彼處未曾收到，乞為查詢。如已煩人帶往，乞速送至第二中學蔡丏因居士處，如尚未帶去者，即仍存上海尊寓，俟將來再酌定辦法可耳。

十二月十七日演音上

子愷居士託開明寄來大冊畫集兩包，已收到。

十二月十七日演音上

前復明信想已收到。近獲扶桑古書多冊，至用歡忭。彼書中常云鎌倉、南北朝、藤原乃至德川等時代，（此外甚多。）於每時代中又分為初期、末期等。閱之，不解其所指何時。日本書中如有說明種種時代年限之表，乞代購一冊，惠施。又，日本古書屢云泉州，是否即在大阪附近，今為何地，便中乞詢內山居士為感！

演音上

半月前曾復函，想已收到。前日由廈門轉到惠書，具悉一一，《表記》製版印刷皆佳，承仁者護念一切，感激無盡。以後通訊，仍乞寄「廈門南普陀寺廣洽法師轉交」。謹復不宣。

演音啟舊十一月一日

數日前曾上一函，想已收到。十二月十八日尊函，昨始披讀，此次印《表記》，諸承費神，精密周到，至用感謝。寄至廈門四百冊，久已收到，其時代收者或因在泉州，忘寫回信，乞諒之。扶病坐起，書此略復不宣。演音啟

丏尊居士道席：

惠書誦悉。近見仁者所撰《辭通》序，古雅淵懿。至次歡讚。並悉作者為老儒，因寫字一葉贈之，乞託宋居士轉交。不宣。

二月十七日演音啟

前寄上《辭通》書面字，想已收到。昨承轉寄超伊師函，已達，至感！開明書店出版之《護生畫集》，乞惠施二十冊上下，俾便轉贈同人為禱！

《辭通》出版後乞惠施一冊。

演音疏

久未通訊，甚念。廈門天氣甚暖，石榴花、桂花、晚香玉、白蘭花、玫瑰花等，皆仍開

放。又有熱帶之奇花異草甚多，幾不知世間尚有嚴冬風雪之苦矣。近由李圓淨居士交至尊處之天津寄款二十圓，乞便中託人送至愚園路膠州路七號佛學書局，交沉彬翰居士，收入第七六六號弘一款款戶頭中，以備將來請經之用，至為感謝。擬於舊曆正月二十一日，即蕅益大師涅槃之日，在此講《四分律戒本》及《表記》。

演音疏

丏尊居士道席：

近因友人之約，已移居南普陀寺暫住。附寄韓偓草稿一包，為余請高君編者。其原委，乞閱此稿〈後記〉中，即可知之。是事甚有趣味，想仁者必甚歡讚，樂為出版流布也。（此書乍觀之，似為文學書，但其中提倡氣節，屏斥淫靡，亦且倡導佛法，實為益世之佳作。）其原稿曾由余刪改，今所寄奉者，為第二次抄寫之本，多由幼童書寫，頗有訛字。又高君於著作罕有經驗，雖引證繁博，但恐有訛舛處，其標點記號誤脫處尤多。乞仁者先託人為詳校二次，（第一次校正其文字，第二次校正標點記號。）至用感謝。以後惠書，乞寄「廈門南普陀寺養正院廣洽法師轉交弘一」。

立春前一日演音啟

開明版《護生畫集》，因印刷太多，拙書之字已肥粗不清楚，又杜甫詩脫落一個字，擬再書寫瘦體之字，重製鋅版印行。倘承贊喜，即書寫奉上也。又及。

丏尊居士道鑒：

惠書誦悉，至為歡慰。偓沒後千載，無有人為之表彰者。今仁者以此稿出版，廣為流布，偓若有知，當深感謝。俟出版後，並希以若干冊贈與朽人，以分致諸道侶也。《護生畫集》另製版甚善，所示辦法甚為贊喜。茲先書奉「金剛偈」一葉，餘俟後郵上。

余於近六年來研習《南山律羯磨》，曾講三次，講稿亦改編數回，竭其心力願為弘闡。今歲明年更擬重為整理編輯，並自書寫，與前印之《戒相表記》相似，於廿八年老齡六十歲時出版流布，以為紀念。擬即用護法會資製版印刷，所闕亦無多也。前承諸友人為請購日本《佛教大辭彙》六冊，至用感忭。彼於末次寄來時，內附廣告，謂又增編續卷一冊，內有全書索引年表等，不久即可出版。乞託內山居士，俟出版時，仍乞購以惠施，價約五六圓也。

韓偓書端，乞請仁者及葉居士撰序冠之尤善。高君自幼蔬食，其母及姊亦爾；全家信仰佛法，高君與姊不婚不嫁，故其家庭與寺院無異。近編此書甚費心力，余亦為之校改數次，今獲出版，歡慶無盡。謹復不宣。

正月四日演音疏

丏尊居士道鑒：

前函想達慧覽。擬茲將《四分律比丘戒相表記》，再版石印二千冊流傳。所需多金，前年曾屬豐居士商諸仁者，由護法會捐助，已荷歡讚。今託上海世界新聞社陳无我居士（太平洋報社舊友）經手辦理一切；需資之時，逕向仁處領取。即依彼說之數目，交付為感。謹陳不宣。

演音疏

丏尊居士道鑒：

惠書具悉。吉子臨終安詳無苦，是助念佛名力也。余自昨夕始，為誦《華嚴行願品》；又有友人（不須酬資）亦為誦〈行願品〉及《金剛經》。附奉上誦經證，請於靈前焚化可也。淨峰寺在惠安縣東三十里半島之小山上，三面臨海（與陸地連處僅十分之一），夏季甚為涼爽，冬季北風為山所障亦不寒也。小山之石，玲瓏重疊，如書齋几上所供之珍品，惜在此荒僻之所無人玩賞耳。附奉《表記》附錄一章，擬附於再版《表記》之後（用小號仿宋字排印）。陳无我居士來時，乞面交與。若已來者，乞掛號寄至世界新聞社（大約在慕爾鳴路，乞探詢之）。費神，至感。不宣。

演音覆疏舊五月廿八日

開明出版字愷漫畫，其卷首有仁者序文述余往事者，已忘其書名，乞寄贈四冊以結善緣，至用感謝。

丏尊居士慧鑑：

惠書於今日始收到（因無便人帶來）。《表記》樣本甚為清楚；余初意以為依小字攝影恐致模糊，今乃得良好之結果，至用歡慰。此事始終承仁者盡心輔助，感謝無量。淨峰寺寺主去職，余亦隨之他往，大約居住草菴。以後半月內通訊，乞寄「泉州城內百源村百源庵（又名銅佛寺）覺徹法師轉交」。半月後通訊，乞寄「廈門南普陀寺養正院廣洽法師轉交」，至妥。謹復不宣。

新曆十一月四日演音啟

丏尊居士：

惠書誦悉。承施多資，至用感謝。前擬贈與草庵二十圓，彼不肯受，今擬以物件等（價約近十圓）贈奉；其餘十餘圓，即由音自受用也。宿疾已漸癒，以後通訊，乞寄「廈門南普陀寺養正院廣洽法師轉交弘一」，至為穩妥，雖偶雲遊他處，彼亦可轉送他。前奉託諸事，諸承費神，感激無盡。謹復不宣。

演音疏

丏尊居士道席：

到青島後，曾上明信，想已收到。此次至青島，預定住至中秋節為止（絕不能早動身）。其時輪船未必有，倘火車尚通者，則乘火車到杭州（轉濟南換坐京浦車）。唯北方三等車，較滬杭寧大異，不能安坐，故不得不乘二等車。預算車資及其他雜用，所需甚多，擬請於護法會資中寄下八十圓。若有火車開行，於中秋節後必可動身也。謹陳不宣。

八月二十日舊七月十五日演音啟

丏尊居士道席：

惠書誦悉。厚意慇懃，感謝無盡。青島平安如常，書店等久已閉門休業，須俟他日開門，再往商酌領取可也。朽人中秋節後動身否，暫不決定；倘動身者，所缺路資，亦可向同居某師借貸，俟將來時局平定時再償還，乞仁者勿以止為慮也。湛山寺居僧近百人，毫無恆產，每月食物至少須三百圓；現在住持者不生憂慮，因依佛法自有靈感，不至絕糧也。謹復不宣。

舊八月三日演音疏

丏尊居士道席：

前復函想已收到。青島市面已漸恢復。曾向中華書局領款，彼云：「未曾接上海開明之信及電話，現不能領取」云云。其他之某堂書店之款，已經領到。將來若乘火車南下，頗費周折，費昂而多勞，擬改為乘船，或直往廈門，或先到上海。北地冬春嚴寒，非衰老之軀所能堪也。謹復不宣。

若往上海，擬暫寓泰安棧。（新北門外馬路旁面南，其地屬法租界之邊也，某銀樓對門，與新北門舊址斜對門，在其西也。）即以電話通知仁者，當獲晤談也。

兩處之款，皆已領到，值此時局不寧，彼等能如此損己利人，情殊可感。數日後，即乘船返廈門。因有往香港之大輪船，或停廈門，故不能往上海矣。謹復不宣。

舊八月初八日演音啟

中秋夕演音啟

在滬歡晤，為慰！前日安抵廈門，途中毫無障礙。以後通信，寄「廈門中山公園妙釋寺轉交萬石巖弘一收」。謹達不宣。錫琛居士乞代致候。

十月十八日演音上

《金剛經》一冊別郵寄，乞收入。若能常常讀誦，自然身心安寧，無諸煩惱也。附白。

到廈門後，諸事安適，足慰遠念。近到泉州講經，法緣甚盛，擬請惠寄《清涼歌集》五十冊，分贈諸友；其資乞由護法會內支付為憑！以後通訊，乞寄「廈門轉泉州承天寺弘一收」。章居士乞為致候。

演音啟

今年在閩南各地弘法至忙，於廈門變亂前四天，已至漳州弘法。今居東鄉瑞竹巖靜養，通訊乞寄漳州南門南山寺轉交。子愷想仍在長沙，便中乞代致意。不宣。

舊五月一日演音啟

近得子愷函，悉仁者殤悉，境緣惡逆，深為歎息。若依佛法言，於一切境皆應視如幻夢。乞仁者常閱佛書，並誦經念佛，自能身心安寧，無諸煩惱，則惡因緣反成好因緣也。朽人近來漳州城區弘揚佛法，十分順利，當此國難之時，人多發心歸信佛法也。陳无我居士，寓上海慕爾鳴路一百十一衖六號；仁者若能常常訪談，自必胸懷開脫，獲極大之利益也。謹陳不宣。

閏月六日演音啟

惠書誦悉。現居鄉間高山之上，雖值變亂亦無妨也，乞勿念。將來汽車通時，擬往泉州或惠安，屆時再奉聞也。不宣。

小暑後一日演音上

丏尊居士文席：

前上書想悉收到。閩南時局倘無變化，朽人擬再遲月餘返泉州小住，再往惠安。車路已毀損，由漳至泉州三百里，須乘肩輿，需費甚多；擬請仁者匯資二十圓，乞交上海農民銀行匯漳最妥，因朽人與漳州分行行長相識也。（乞勿交郵局匯，領取時甚困難。）謹陳不宣。

中秋節演音啟

丐尊居士道席：

前上信片想已收到。茲擬向佛學書局購請佛書，附一函乞託人送去；並乞護法會惠施十五圓，一併送去，至用感謝。朽人在漳，諸事安適，一時尚未能返泉州也。謹達不宣。

演音啟

丐尊居士：

前明信想已收到，居此甚安，乞釋慈念。茲有懇者，乞匯洋拾圓致南京延齡巷馬路金陵刻經處，云係弘一購經之款，請彼存貯云云。費神至感。通訊處尚無有定，信面寫開元寺，但音仍住草庵也，距泉州三十里鄉間。

演音疏

丐尊居士澄覽：

惠書誦悉，至用歡慰。書信附掛號郵奉，以後暇時，擬多寫結緣之書幅，俟時局平靖即可郵寄也。承詢所需，甚感，現無所需。居深山高峰麓，有如世外桃源，永春亦別名桃源也。謹復不備。

農曆中秋後二日音啟

附一箋及經名三紙，乞費神轉交蔡丏因居士；彼昔居法界環龍路三十號，近未通信，未審住所，乞轉詢之。附白。

丏尊居士淵鑒：

前復書想已收到。拙書已就，計五言聯八對，七言聯二對，讀律室額一紙、橫幅二紙、斗方一紙、小堂幅（長二尺）二十紙、大堂幅（長二尺餘）二十二紙（內有一紙仲鹽款），共計一包。俟有妥便，送至郵局掛號奉上，或須稍遲也，以後暇時再為續寫奉上。

茲有懇者，便中託人至功德林佛經流通處（以前在北泥城橋堍，未知今遷移否），請購《四分律行事鈔資持記》一部（計二十冊），價約十圓左右，乞護法會施資。即託功德林用皮紙包裹兩層（恐路遠破損），付郵掛號寄下。倘功德林無有，再向佛學書局詢問，以功德林所存者為善也。以後通訊，寄福建永春縣蓬壺鄉華記藥店轉普濟寺。

音啟四月廿二日

丏尊居士澄覽：

惠書於前數日收到。《行事鈔》亦於今晨由寺送至，甚為歡慰。畫稿久已轉郵寺中，附奉上拙書一紙。謹復不宣。

庚辰元旦清晨音啟

丏尊居士道鑒：

惠書誦悉，至用慼慰。近來老態日增，足力未健，不勝舟車之勞，恐一時未能北上，至用悵然耳。近因研習編輯，請經甚多，乞再匯二十圓至金陵刻經處為禱！附箋乞並寄去，以後惠書乞寄「廈門南普陀寺轉交弘一收」。謹復不具。

演音啟

丏尊居士淵鑒：

惠書誦悉。附奉上致豐居士一箋及佛字二紙，乞於便中附寄去。又致李居士一箋，乞閱畢，便中轉交，遲遲無妨也。近問郵局，滬閩之間仍不能寄大包印刷品；前承寄《行事鈔資持記》，於元旦晨收到，實為慶幸事也。謹復不備。

農曆三月十八日音啟

丏尊居士文席：

兩奉惠書，具悉一一。拙師信已轉交。承示懷舊文，厚意慇懃，至用感謝。聞浙中交通多阻，明年恐不能來山房也。前浙一師學生石有紀居士，近任安溪縣長，曾來談一次，彼謂若往山房，須由江山繞道，老體頹唐，不勝此長途汽車之勞也。不宣。

立春前一日演音啟

丏尊居士文席：

惠書誦悉。厚情慇懃，至用感謝。朽人擬於舊十二月一日始（新正月二十日），在承天寺暫時閉關用功，不定期限，可以於數月後移往他處也。時局不寧，交通阻礙，明年能往江浙否尚未能定。閉關後，通信者唯有仁者一處。子愷或有要事，可以書箋附於仁者函中寄來，亦可入覽也。再者，前與陳无我、李圓淨二居士商酌，擬重寫《護生畫集》，重製銅鋅之版，此事尚未了結。以後彼二居士，關於畫集之事，欲與朽人通訊者，亦送至尊處，由仁者便中附入寄來。朽人有必須復彼二居士之信，亦寄至仁者之處，乞為轉交也。畫集之事，不久即可了結，非是數數通訊也。以後唯有信面寫仁者姓名仍可送入關內，其他信件皆由他人代拆代閱，暫為存貯，絕不送至關內也。

承詢資用之事，前資餘者甚多，且閉關後更少需用，乞勿匯寄，俟將來移居他處時，或有所需，當隨時奉達。

附致子愷一紙，乞檢閱，並乞便中加封寄去，遲遲無妨。將來有寫件寄與子愷者，擬寄至尊處暫為保管，因桂林近況至不安也。

演音啟十一月二十日

丏尊居士澄覽：

惠書兩通，於今午同時收到。信箋稿寫奉；刻木板時，乞勿移動其地位（印章亦勿移動），因字形配合及筆氣連貫處，皆未能變易也。《護生畫集》流布，承代謀畫，甚感！朽人居深山中，諸事如常。永春及泉漳等處居民，多朝散暮歸，唯營夜市，以避機彈，至可愍也。信箋稿之字句，皆出於《華嚴經》。乞代達无我居士並希致候。不宣。

音啟六月十九日

丏尊居士道鑑：

前復書想已收到，近在惠安弘法，擬以《華嚴集聯》十冊施送，乞以護法會資請購此書十冊，寄「福建惠安縣城內霞梧街集泉藥莊王頌平居士收」。再乞以洋二十圓寄與上海佛學書局，附一紙亦乞一併交去，至用感謝。不宣。

演音啟

丏尊居士文席：

惠書誦悉，承施資，至感。茲奉上拙書十二紙，乞受收。下月尚須在泉州講經，往永春之期未定。謹復不備。

正月二十九日音啟

惠片誦悉。前日已移居永春，距泉州百數十里，為閩南最安穩之地；山奧幽僻，古稱桃源。明日即往鄉間居住；以後通訊，乞寄「福建永春縣蓬壺新市場華記寶號轉普濟寺弘一收」。

舊二月廿七日音啟

丏尊居士文席：

惠書誦悉。《護生畫集》擬先依舊本影印，僅題字重寫，已由佛學書局承印。子愷居士所述之意，擬俟時事安靖再進行可耳。拙書若干紙，稍緩俟友人入城時寄奉。朽人於前月餘，寄居永春山中，以後惠函，乞寄「福建永春縣蓬壺鄉弘一收」，即可達到。謹復不宣。

四月十四日音啟

丏尊居士文席：

數月前，曾將退回信件之籤條數十紙，交與郵局代辦所，代為張貼退回信件，但仁者之信件則在例外；故以前惠書，悉皆收到。此次則為代辦所執事者誤貼，故未收到，至用歉然。畫集事，具寫致李居士書中，乞披覽。以後惠書，乞於函面寫善夢之名，俾代辦所人可以不致再誤會也。不宣。

善夢啟十一月廿四日

福建永春縣蓬壺鄉華記藥號轉交普濟寺善夢收

丏尊、圓晉居士仝覽：

養疴山中，久疎音問，近以友人請住檀林鄉中結夏安居，故得與仁者特殊通信，發起一重要之事。以《護生畫集正續編》流布之後，頗能契合俗機，豐居士有續繪三四五六編之弘願，而朽人老病日增，未能久待，擬提早速編輯成就，以此稿本存藏上海法寶館中，俟諸他年絡續付印可也。茲擬定辦法大略如下：乞仁者廣徵諸居士意見，妥為核定，迅速進行，至用感禱。

一、前年豐居士來信，謂：作畫非難，所難者在於覓求畫材。故今第一步為徵求三四五六集之畫材，於《佛學》半月刊及《覺有情》半月刊中登載廣告，廣徵畫材，其贈品以朽人所寫屏幅中堂對聯及初版印《金剛經》（珂羅版印較再版為優，今猶存十餘冊）等為獎酬。

二、此事擬請仁者及茅古農、沉彬翰、陳无我、朱穌典六居士負責專任其事，仍請圓淨居士任總編輯。

三、預定三集畫七十張，四集八十張，五集九十張，六集一百張；每畫一張，附題句一段。

四、已刊布之初二集，畫風既有不同，以下三四五六集亦應各異，俾全書六集各具特色，不相雷同。據鄙意：以下四集中，或有一集用連環畫體裁，或有一集純用語體新文字題句，其畫風亦力求新穎，或有一集純用歐美事蹟，此為朽人隨意懸擬，不足為據。仍乞六居士妥為商定，務期深契時機，至為切要。

五、每集畫旁之題句，字數宜少，或僅數字，至多不可超過四五十字，因字數多者，書寫既困難，縮印亦未便。

六、徵求畫材之廣告文，乞六居士酌定。徵求既畢，應審核優劣，分別等第，亦乞六居士酌定。至其畫材能適於作畫否，乞穌典居士詳核之。

七、以上且據登廣告徵求畫材而言，依朽人懸揣，應徵之人未必多，寄來之稿亦恐罕能適用，則登廣告徵求畫材一事將無結果，殊為可慮。不如專青四位負責，每位各編一集之畫材，如是或較為穩妥也，乞六居士詳審之。

以後關於此字之通信，乞寄與性常法師轉交朽人。至感！

農曆六月六日音啟

丏尊居士文席：

頃奉惠書，忻悉此事已承仁者盡力規畫，助理一切，至用感謝！徵求期限，似宜再展緩兩月，因遠方郵便遲滯，恆須一二月乃可達也。陳无我居士因修習密宗法，無暇任事，曾來函辭謝。乞仁者再斟酌延請一位，助理此事為禱！致穌典居士一紙，乞便中交去。時事不靖，南閩物價昂至數倍乃至廿餘倍，朽人幸託庇佛門，諸事安適，至用慚遑！舊存寫小字筆已將用罄，乞仁者以護法會資代購小楷水筆數支，封入信內寄下為感！護生畫續編事，關係甚大，務乞仁者垂念朽人懇誠之願力，而盡力輔助，必期其能圓滿成就，感激無量。又有致圓淨居士一紙，乞便中交去，遲遲無妨也。贈品以拙書為宜，由泉郵遞可作信件例寄，唯宣紙已無購處，僅能用閩產之紙耳！率復不宣。

倘他日因畫材不足，未能成就四編者，亦可先輯一二編，其餘俟後絡續成之，附白。

閏六月廿七日音啟

丏尊居士文席：

去冬滬變時，曾致明片，未審收到否？畫集資料想尚未輯就，無足介意也。因現在諸物昂貴，亦甚難出版，泉州米價將至三百，火柴每一小盒二圓，其他可知，貧民苦矣！朽人幸託庇佛門，食用無慮，諸事豐足，慚愧！慚愧！

拙書二紙，乞隨意結緣，略陳不宣。

音啟四月七日

丏尊居士道鑒：

惠書誦悉。問答一冊已收到，承詢所需，至用感謝。朽人近居普濟寺中，所有用款皆由寺中支付。寺中住持兼任南洋寺務，故常寄款資來，以助寺用。畫集緣資五百圓，亦其所募集也，故尊處施資，現不需用，乞勿寄下。謹謝，並復不宣。

五月十二日音啟

丏尊居士道鑒：

久未致訊，至念。上月徙居山中，距郵政代辦所八里，投信未便，故諸友無音問也。茲擬向佛學書局請經，附一箋乞轉送，並乞由晚晴會施洋三十圓附遞，費神，至感！

山鄉風俗淳古，男業木土石工，女任耕田挑擔，男四十歲以上多有辮髮者，女子裝束更古，豈唯清初，或是千數百年來之遺風耳。余居此間，有如世外桃源，深自慶喜！

開明出版拙書《華嚴集聯》及《李息翁法書》，乞各寄下三冊，以結善緣，感謝無盡。惠書乞寄「廈門轉惠安縣東門外黃坑鋪港仔街回春號藥店劉清輝居士轉交淨峰寺弘一收」。

演音疏

丏尊居士文席：

前復函及寫件想已收到，茲寄上致子愷居士一箋及寫件一紙，乞便中轉寄。又與李圓淨居士一箋，乞便中託陳无我居士轉交，遲遲無妨也。謹悉不宣。

九月十二日音啟

丏尊居士道鑒：

戰事紛起，滬上尚平安否？為念。畫材數則附奉上，以備採擇。以後倘有他處贈與朽人資財者，乞代辭謝，因現不需用也。穌典居士乞代致候。不宣。

近作附錄：南閩道耆宿七秩壽聯——「老圃秋殘猶有黃花標晚節。澄潭影現仰觀皓月鎮中天。」

十一月七日音啟

丏尊居士文席：

今日已六十矣！今歲擬多寫字結緣，便中乞惠施廿金，以備購宣紙及其他需用。拙書一紙，附奉慧覽。不宣。

己卯元旦晨演音啟

近來身體較前強健，齒力、目力皆佳，足力更健，無異少年，但精神頗呈老態耳。知念附聞。

丏尊居士文席：

朽人世壽周甲已過，擬自下月中旬始，至農曆明年辛巳除夕止，掩室靜修，須俟壬午元旦乃可與仁等通信也。仁者通信之處倘有變動，牧於辛巳十一月寫交李圓淨居士轉送。謹陳不宣。

九月三十日音啟

丏尊居士慧覽：

惠書誦悉一一。

子愷處已久不通信，聞友人云：彼之通訊處為重慶沙坪壩國立藝術專校（據彼八月廿五日之信云云）。閩中平靜如常，仁者能入閩任職，則生活可無慮矣！

泉州物價之昂，自昔以來冠於全閩，但米價每石亦僅一百七十元左右。其他閩中產米之區，如漳州及閩東等處，則僅五十元左右，泉州街市無乞丐（另設乞丐收容所）物價亦不甚昂，華僑家庭生活亦大致可維持，因努力種植，生產量甚富也。統觀全閩氣象，與承平時代相差無幾。朽人於十四年前，無意中居住閩南（本擬往暹羅至廈門而中止），至今衣食豐足，諸事順遂，可謂徼幸，至用慚愧。唯從前發願編輯律宗諸書，大半未成就，擬於雙十節後，即閉關著書，辭謝通信及晤談等事，以後於尊處亦未能通信。仁者欲知朽人之近狀者，乞常訪問上海慕爾鳴路一百十一衖六號大法輪書局陳无我居士，及彼處同住之陳海量居士，因泉州諸僧常與海量通信，彼深知朽人之近狀也。

朽人近作，屢載《覺有情》半月刊中（无我所辦），乞仁者訂此月刊一份（自今年正月始尤善，每年一圓餘），即可常閱覽朽人之近作也。蘇慧純居士亦為海量之舊友，仁者能常與海量晤談，當獲益匪淺也。（指導生活，安慰心靈。）不宣。

十月一日音啟

附呈相一紙，為去秋九月所攝，佛名二紙，乞結緣。

丏尊居士文席：

朽人已於九月初四日遷化，曾賦二偈，附錄於後「君子之交，其淡如水，執象而求，咫尺千里。問余何適？廓爾亡言。華枝春滿，天心月圓。」謹達不宣。

音啟

前所記月日係依農曆，又白。

《弘一大師全集》書簡類，一九四七年

FOR2 53
現代佛法十人—— 五
慧劍斬凡塵的勇士　弘一

系列主編　洪啟嵩、黃啟霖
責任編輯　Y.T.CHEN、Y.A. HUANG
校對　呂佳真、翁淑靜、吳瑞淑、郭盈秀
美術設計　林育鋒
內文排版　何萍萍、薛美惠、許慈力

出版　英屬蓋曼群島商網路與書股份有限公司台灣分公司
發行　大塊文化出版股份有限公司
台北市 105022 南京東路四段 25 號 11 樓
www.locuspublishing.com
TEL: (02)8712-3898　FAX: (02)8712-3897
讀者服務專線：0800-006689
郵撥帳號：18955675　戶名：大塊文化出版股份有限公司
法律顧問　董安丹律師、顧慕堯律師

總經銷　大和書報圖書股份有限公司
地址：新北市 24890 新莊區五工五路 2 號
TEL: (02)8990-2588　FAX: (02)2290-1658
製版　瑞豐實業股份有限公司

ISBN：978-626-95044-2-8
初版一刷：2021 年 11 月
定價：新台幣 380 元

慧劍斬凡塵的勇士 弘一 / 洪啟嵩, 黃啟霖主編 . -- 初版 . -- 臺北市 : 英屬蓋曼群島商網路與書股份有限公司臺灣分公司出版 : 大塊文化出版股份有限公司發行, 2021.11
面；　公分 . -- (For2 ; 53)(現代佛法十人)
ISBN 978-626-95044-2-8(平裝)
1. 釋弘一 2. 學術思想 3. 佛教
220.9207　　110014041